_____ 님께

이 책을 선물합니다.

_____ 드림

20   년   월   일

중/고생이 꼭 읽어야 할

국어 교과서

소설

줄거리 따기

이진우 엮음

중/고생
필독서

"속전속결"
학습 효과 **100배** OK!

Long run 롱런

Long run 롱런

국어 교과서 소설 줄거리 따기

엮은이 이진우 **발행일** 2012. 12. 20. 1판 1쇄 발행 **발행처** *Long run* **롱런**
발행인 이규각 **등록 번호** 제 384-2008-000039호
등록 일자 2008. 12. 04.
주소: 경기도 안양시 만안구 안양 8동 466-9 (우편 번호: 430-018)
전화: 017-291-2246 · **팩스**: (031)477-2727

책머리를 쓰다

책의 줄거리를 안다는 것은 숲을 보기 전에 산을 보는 것과 같습니다. 그 산에 대한 모양을 알아야 숲속의 광경을 상상하고 그 숲에 대한 흥미를 더 할 수 있는 것입니다. 다시 말해 산을 보지 않고 숲을 더듬는다는 것은 책의 줄거리를 알기도 전에 책 속의 내용에 질려 책을 피하거나 흥미를 잃게 되는 것과 같습니다. 따라서 줄거리 요약 책(국어 교과서 소설 줄거리 따기)이라도 읽으면 책을 대하기가 흥미롭고 책을 읽기가 쉬워져 안 읽은 것보다 훨씬 낫습니다. 그렇다고 해도 전문이 실린 책을 읽는 것이 지식의 폭도 넓어지고 전체 내용도 더 알게 될 것이니 이 말이 어찌 당연하다 않겠습니까? 학생들의 입장에서 보면 이것저것 공부할 것도 많아 시간이 부족한데, 읽어야 할 책들이 많다는 것은 참으로 고민거리가 아닐 수 없습니다. 그래서 나는 제한된 시간 안에 꼭 읽어야 할 작품을 골라 읽을 수 있게 이런 참고서를 만들었습니다.

학생들에게 있어 책 읽기는 궁극적으로 시험에 도움이 되고 책을 읽는 과정에서 독해력과 어휘력을 향상시키는 것이 목적입니다. 그러므로 알기 쉽게 작성한 이 책(국어 교과서 소설 줄거리 따기)의 줄거리를 먼저 읽고 그것을 바탕으로 전문을 읽어

가면 모든 책을 다 읽을 수는 없다 치더라도 나름대로 속전 속결 효율적인 공부를 하실 수 있습니다. 그런 점에서 이 책이라도 성의를 다해 읽으신다면 내신이나 수능에 분명 좋은 성과가 있을 것입니다. 또한 책을 싫어하는 학생들이라도 책을 쉽게 접하는 계기가 될 것입니다. 시험을 보기 전, 많은 줄거리를 읽어 두는 것은 중요합니다. 그것은 학교 생활에 있어서 독서 시간이 생각보다 많지 않기 때문입니다. 물론 자신이 하기에 따라 다르지만, 마음먹은 만큼 잘 되지 않으므로 짬짬이 이 책을 활용해 주시기 바랍니다.

이 책의 소설들은 중고등학교 국어 및 문학 교과서에 수록된 것으로 수능은 물론이고 내신에도 출제되는 것들입니다. 금년 수능에 나오지 않는다고 해도 앞으로 나올지 모르는 작품, 출제 가능성이 높은 작품을 모았으니 읽어 두면 아무래도 문제 풀이에 시간도 절약되고 정답률도 높아질 것입니다. 꼭 시험을 위해서가 아니라 자신의 지식과 교양을 쌓기 위해서라도 읽어 두는 것이 좋습니다. 그렇게 하지 않으면 젊은 시절을 지나 나이가 들은 후로 어느 정도는 후회할 것입니다. 나이가 들어 공부를 한다는 것은 대부분 취미에 불과하지 프로가 되기 위한 준비는 못됩니다. 누가 아무리 뭐라고 해도 10대는 미래를 준비하기 위한 과정이며 프로가 되기 위한 과정입니다. 이 과정이 어그러지면 인생을 힘들게 살 것입니다. 아니 10대라는 것, 중학교 3년, 고등 학교 3년, 바로 이 6년이 자신의 앞날에 있어 프로의 삶인가? 아 니면 아마추어의 삶인가를 결정하는 매우 중요한 시기라는 것을 깨달아 10대에는 좀 더 현명하게 남의 조언에 귀기울 여야 뒤늦게 후회하는 일이 없을 것입니다. 책을 읽으세요. 시간이 없다면 그나마 이 책이라도 읽으세요.

엮은이

목차

Best 1...23
최우선 소설 줄거리 읽기

Best 2...157

우선 소설 줄거리 읽기

Best 3...263

보면 유익한 소설 줄거리 읽기

*한문 소설 김시습: 금오신화(만복사저포기, 이생규장전, 취유부벽정기, 남염부주지, 용궁부연록)/임제: 화사/박지원: 양반전, 호질, 허생전 *설화 소설 심청전 / 흥부전 / 토끼전 *사회 소설 허균: 홍길동전 *군담 소설 유충렬전/임진록/박씨전 *염정 소설 춘향전/운영전/김만중: 구운몽/숙향전 *풍자 소설 오유란전/배비장전/이춘풍전/옹고집전 *가정 소설 김만중: 사씨남정기/장화홍련전 *가전체 소설 임춘: 공방전, 국순전/이규보: 국선생전/이곡: 죽부인전 *궁중 소설 계축일기/인현왕후전/혜경궁 홍씨: 한중록 *신화 및 설화 연오랑 세오녀/오봉산의 불

개화기~1910년대

일제 강점기로 우리 민족의 국권 상실과 서구 문학의 유입으로 새로운 기법과 의식을 담은 현대 문학(자주 독립과 애국, 문명개화, 계몽 의식이 주제가 됨)이 출현하였다. 또한 고전 소설에서 현대 소설로 나아가는 개화 시기의 과도기적인 신소설이 주목을 받았다.

신채호: 을지문덕전(1908), 꿈하늘(1916)/안국선:금수회의

록(1908), 공진회(1915)/**이광수**: 무정(1917)/**이인직**: 혈의
누(1906), 귀의 성(1906), 은세계(1908), 모란봉(1913)/**이해
조**: 자유종(1910), 화의 혈(1911)/**장지연**:애국 부인전
(1907)/**최찬식**:안의성(1914)

1920년대

삼일 운동, 좌익 이데올로기의 등장과 본격적인 서구 문예
사조의 유입 등이 문학에 상당한 영향을 끼쳤다. 삼일 운동
의 실패는 경제적으로 빈곤한 상태에서 더욱 민족적 좌절감
을 느끼게 한 반면, 이 시기는 일제가 다소 완화된 문화 정
책을 펴면서 신문과 각종 문예지, 동인지가 창간되고 이어
서 사실주의 문학과 계급주의 문학이 주류를 이루게 된다.

계용묵: 최서방(1927)/**김동인**: 배따라기(1921), 태형(1922),
감자(1925), 광염소나타(1929)/**나도향**: 행랑 자식(1923), 물
레방아(1925), 뽕(1925), 벙어리 삼룡이(1925)/**염상섭**: 표본
실의 청개구리(1921), 만세전(1922)/**전영택**: 화수분(1925)/
조명희: 낙동강(1927)/**최서해**: 탈출기(1925), 홍염(1927)/**현
진건**: 술 권하는 사회(1921), 빈처(1921), B사감과 러브레터
(1924), 운수 좋은 날(1924)/**홍명희**: 임꺽정(1928)

1930년대

신문이나 잡지의 수가 늘어 활발한 문학 활동의 기반이 확충되고 예술적으로 도심과 농촌에 대한 관심이 다원화되는 시기이나 만주 사변 이후 일제의 사상 통제와 수탈로 문학 활동이 크게 위축되었다. 이 시대의 경향으로는 모더니즘 경향의 지식인 소설과 농촌을 배경으로 한 계몽 소설, 일제의 검열을 피하기 위한 방편으로 역사에서 소재를 얻은 역사 소설, 인간의 운명과 본질을 탐구한 소설 등이 주류를 이루었다.

계용묵:백치 아다다(1935)/**강경애**: 파금(1931), 부자(1933), 인간 문제(1934), 지하촌(1936)/**김동리**: 무녀도(1936)/**김동인**: 운현궁의 봄(1933), 광화사(1935)/**김남천**: 대하(1939)/**김유정**: 금 따는 콩밭(1935), 산골(1935), 만무방(1935), 봄봄(1935), 소낙비(1935), 동백꽃(1936), 산골 나그네(1936), 땡볕(1937), 따라지(1937)/**김정한**: 사하촌(1936)/**박영준**: 일년(1934), 모범 경작생(1934), 목화 씨 뿌릴 때(1936)/**박종화**: 금삼의 피(1936), 다정 불심(1940)/**박태원**: 딱한 사람들(1934) 소설가 구보 씨의 일일(1934), 천변풍경(1936)/**심훈**: 직녀성(1934), 상록수(1935)/**염상섭**: 삼대(1931)/**유진오**: 김 강사와 T교수(1935)/**이광수**: 흙(1932)/**이기영**: 고향(1930)/

이무영: 제1과 제1장(1939)/이상: 날개(1936), 지주회시 (1936)/이태준: 달밤(1933), 복덕방(1937)/이효석: 메밀꽃 필 무렵(1936), 산(1936)/정비석: 성황당(1937)/주요섭: 사 랑손님과 어머니(1934)/채만식: 레디메이드 인생(1934년), 탁류(1937), 태평천하(1938), 치숙(1938)/한설야: 황혼 (1936)/현진건: 무영탑(1938)

1940년대

8.15 광복은 위기를 맞았던 우리 민족 문학의 어둠과 광명 을 동시에 지니는 회생의 역사적 전환기로 볼 수 있다. 그것 은 행방 전까지 일제의 군국주의가 패망을 목전에 두고 언론 탄압, 창씨 개명, 황국 신민화까지 우리 문학의 시련이 해방 과 함께 이데올로기의 혼란과 좌우익의 대립으로 전개되기 때문이다.

계용묵: 별을 헨다(1946)/김남천: 경영(1940), 맥(1941)/김 동리: 역마(1948), 황토기(1949), 혈거부족(1947), 무녀도 (1947)/안수길: 취국(1949)/염상섭: 임종(1949), 두 파산 (1949)/이태준:돌다리(1943), 해방 전후(1946)/채만식: 논 이야기(1946), 민족의 죄인(1948)/허준: 잔등(1946)/황순 원: 목넘이 마을의 개(1948)

1950년대

광복 직후 이데올로기의 갈등으로 우리 문단은 좌익과 우익으로 양분되어 각각 문학 단체를 결성하고 서로 나뉘어 좌익은 프롤레타리아의 계급적 이익을 대변할 작품을 쓰고자 했고, 우익은 소재에 구애받지 않는 작품을 쓰고자 했다. 그 후로 6.25는 남과 북을 더욱 대립 상황으로 내몰아 민족의 삶을 황폐화시키는 결정적인 역할을 했다. 그러나 전쟁의 비극적 체험은 서구적 실존주의와 밀접한 전후 소설을 낳게 한다.

김동리: 흥남 철수(1955)/**김성한**: 바비도(1956)/**박경리**: 불신시대(1957)/**선우휘**: 불꽃(1957), 반역(1957)/**손창섭**: 비 오는 날(1953), 혈서(1955), 잉여인간(1958), 낙서족(1959)/**송병수**: 쑈리 킴(1957)/**안수길**: 제3인간형(1953), 북간도(1959)/**오상원**: 유예(1955), 모반(1957)/**오영수**: 갯마을(1956)/**이범선**: 오발탄(1959)/**이호철**: 탈향(1955), 나상(1956)/**장용학**: 요한 시집(1955), 비인 탄생(1956)/**전광용**: 흑산도(1955), 사수(1959)/**정비석**: 자유 부인(1954)/**하근찬**: 수난 이대(1957), 흰 종이 수염(1959)/**허윤석**: 길주막(1950)/**황순원**: 독 짓는 늙은이(1950), 학(1956)

1960년대

4.19의 민주화 의지와 5.16에 의한 군부의 장악으로 정치적 격동기를 맞게 되자, 지식인들은 정신적 육체적으로 혼란에 빠진다. 이후 군부의 개발 독재가 괄목할 만한 경제 성장을 주도하기는 하나 인간성 상실이라는 또 다른 부작용을 낳는다. 이 시기의 소설은 이러한 현상들을 담아 내는 데 주력했다. 다시 말해 그것은 구시대의 감시와 통제, 연행과 고문의 비리화를 암시하는 동시에 열린 시대의 열린 세계의 개화를 꿈꾸게 한다.

강신재: 젊은 느티나무(1960), 임진강의 민들레(1962)/**김동리**: 등신불(1963)/**김승옥**: 무진 기행(1964), 서울, 1964년 겨울(1965), 생명 연습(1962)/**김정한**: 모래톱 이야기(1966)/**박경리**: 토지(1969)/**박영준**: 종각(1965), 고속 도로(1969)/**오상원**: 황선 지대(1960)/**이청준**: 병신과 머저리(1966), 줄(1966)/**이호철**: 닳아지는 살들(1962)/**장용학**: 원형의 전설(1962)/**전광용**: 꺼삐딴 리(1962)/**전상국**: 동행(1963)/**최인훈**: 광장(1960), 꺼삐딴 리(1962)

1970년대

경제적인 안정을 추구하던 1970년대는 박정희 정권의 유신체제와 80년대 전두환 군사 정권 등 비민주적이고 억압적인 현실 상황이 전개되었다. 또한 급격한 산업화 과정으로 돌입하면서 국가 주도 경제 개발이 탄력을 받아 외형적인 성장이 나타난다. 이에 대한 비판적인 반성이 이루어지면서 청년 문화와 지적 엘리트주의가 형성된다.

김원일: 어둠의 혼 (1973)/**김정한**: 인간 단지(1970)/**문순태**: 징소리 (1978)/**박완서**: 세상에서 제일 무서운 틀니(1971)/**윤흥길**: 장마(1973), 아홉 켤레의 구두로 남은 사내(1977)/**이문구**: 관촌수필(일락서산)(1972)/**이문열**: 사람의 아들(1979)/**이청준**: 소문의 벽(1971), 서편제(1976)/**조세희**: 난쟁이가 쏘아올린 작은 공(뫼비우스의 띠)(1976)/**최인훈**: 소설가 구보 씨의 一日(중편 소설1970)/**현기영**: 순이 삼촌(1978)/**황석영**: 아우를 위하여 (1972), 삼포 가는 길(1973)

1980년대

급격한 산업화로 인해 억압되었던 민주화가 분출되자 군부 정권이 세락하고 문민 정부가 들어서면서 노동자들의 권익에 대한 요구가 높아진다. 따라서 서민적 정서를 다루는 소설 과 분단과 독재 문제를 다루는 장편 대하 소설이 등장한다.

고정원: 거인의 잠(1985)/김채원: 겨울의 환(1989)/박완서: 엄마의 말뚝(1982), 도둑맞은 가난(1981)/복거일: 비명을 찾아서(1987)/양귀자: 원미동 사람들(멀고 아름다운 동네)(1986), 원미동 사람들(한계령)(1987)/이문열: 어둠의 그늘(1981), 젊은 날의 초상(1981), 우리들의 일그러진 영웅(1987), 추락하는 것은 날개가 있다(1988)/임철우: 사평역(1983), 아버지의 땅(1984)/최일남: 흐르는 북 (1986)/황석영: 장길산(1984)

1990년대

김소진: 자전거 도둑 (1995)/박완서: 우황청심환 (1991)/신경숙: 풍금이 있던 자리(1993), 외딴 방(1995)/임철우: 봄날(1998)/조정래: 태백산맥(1995)

Best 1

최우선 소설 줄거리 읽기

관촌수필/이문구

1972년에 발표된 일락서산(日落西山)부터 1977년 발표된 월곡후야(月谷後夜)까지 모두 8편의 작품으로 이루어진 연작 소설. 제1~5편은 관촌 마을의 생활상과 작가의 회고/제6편은 고향을 떠난 후 다시 고향 친구와 재회/제7, 8편은 성년이 된 후 고향을 돌아본 이야기

▶ 제1편 일락서산(日落西山): 8편 중 1편

▣ 줄거리

'나'는 타향으로 떠돌다가 귀성 열차를 타고 13년 만인 정초에 할아버지 산소를 찾아가는 길이다. 그러나 차창 밖으로 다가오는 고향의 모습은 옛날처럼 정겨운 모습이 아니다. 이제 소년 시절 고향의 모습은 찾을 길이 없다. 400년 동안 마을을 지켰던 왕소나무가 자취를 감춘 그 자리에 실망스럽게도 슬레이트 지붕의 굴뚝만이 서 있던 것이다. 소년 시절의 보금자리였던 옛집은 이제 기울대로 기울어져 보잘 것없고 궁상스럽게 보여 비애감마저 든다. 유년 시절 인격이 형성될 나이에 영향을 주었던 어른들은 이제 모두 세상을 떠났다. 그리고 어릴 적 친구들은 뿔뿔이 흩어졌다. 지금 눈

앞으로 그리운 고향의 모습은 근대화의 물결에 휩쓸린다. 그러니 내가 어느덧 실향민이 된 느낌이다. 내가 태어났을 때 할아버지는 이미 팔순의 고령이셨다. 인생에서 은퇴한 것이나 다름없는 이조인의 할아버지는 명문가로서 명예와 권위가 남달랐다. 그리고 품격을 지키는 삶을 살았다. 의기와 선비로서의 긍지는 지금에 있어서 나의 일상 생활을 규제하는 중요한 바탕이 되었다. '나'는 아직 오랫동안 이웃해 살았던 낯익은 사람들이 여럿 남아 있음을 떠올리고 그네들을 방문할까 했지만 할아버지의 지론대로 손윗사람 아닌 이에게는 무슨 경어나 존칭을 써 본 적이 없었기 때문에 '나'는 가급적이면 알 만한 사람과 마주치고 싶지 않아 마을을 돌지 않기로 했다. 봉건적 세계 속에 살았던 할아버지와 달리 아버지는 내가 태어나기 이전부터 전혀 다른 길을 걸었다. 그것은 아버지가 스스로 선택한 길이다. 내가 태어나기 전부터 선주였던 아버지는 광복을 전후로 구습 타파를 위해 남로당의 일을 거들다 결국에는 몰락했다. '나'는 어린 시절의 기억 속에서 어렵게만 느껴졌던 아버지와 인정 많았던 어머니를 추억하면서 옹점이를 비롯한 옛친구들의 모습을 회상한다. 옹점이는 어머니가 친정에 갔다가 허드렛일이나 시킬 요량으로 데려온 아이었다. 그녀는 마음이 착하고 어른 앞에서는 소견이 넓었으며 아이들에게는 남달리 인정이 많앉다. 그런 반면에 그릇을 잘 깨는 덜렁쇠였고, 참새 못지않은 수다쟁이이기도 했다. 읍내로 가는 길에 추억을 더듬으며 옛집을 다시 한 번 돌아보자 그 너머 서산마루에는 해가 지고 있었다.

▶ 인물의 성격

나(서술자): 소년 시절의 '나'와 어른이 되어 고향을 찾은 '나'

할아버지: 봉건적인 인물로 옛 것을 소중히 여김

아버지: 사회주의 사상에 심취함

어머니: 양반가의 며느리로 피난민들을 도움

대복 어머니: 할아버지 댁을 드나들며 허드렛일을 하는
　　　　이웃집 여자

신현석: 6.25 때 좌익 활동을 했다가 옥고를 치르고 나온
　　　　관촌의 석공

옹점이: 16세 소녀로 할아버지 댁의 부엌살림을 도맡아 함

▶ 핵심 정리

* 갈래: 단편 소설, 연작 소설

* 배경: 시간적→ 1970년대 어느 겨울
　　　　공간적→ 관촌(갈머리)의 농촌 마을

* 경향: 자전적, 회고적

* 주제: 전쟁과 가난 속에서 한 가족이 겪는 고난과
　　　근대화로 인한 농촌의 피폐화
* 시점: 1인칭 주인공 시점
* 문체: 1인칭 독백체, 요설체
* 출전: 현대 문학(1972)

▶ 구성

* 발단: '나'는 모처럼 성묘를 하기 위해 고향을 찾음
* 전개: 동네 어귀의 왕소나무가 없어진 것을 보고 고향의
　　　현실을 안타까워함
* 위기: 성묘 길에 할아버지를 회상함
* 절정: 집안일을 거들었던 옹점이를 떠올림
* 결말: 읍내로 돌아가면서 씁쓸함을 느낌
⊙ 주요 저서: 우리 동네

▶ 제2편 화무십일(花無十日): 8편 중 2편

6.25전쟁으로 인한 윤 영감의 수난사와 비극적 관계를
회상함

* 갈래: 단편 소설, 연작 소설
* 배경: 시간적→ 1970년대
    공간적→ 충청도 보령 관촌 마을과 서울 연희동
* 시점: 1인칭 관찰자 시점
* 주제: 전쟁과 가난 속에서 한 가족이 겪는 고난과
    인생무상

▶ 인물의 성격

'나' : 윤 영감네를 회고하는 관찰자적 인물

어머니: 양반 집안의 며느리(궁핍한 가운데서도 피난민을
    돕는 따뜻한 인정미의 소유자)

윤 영감: 피난길에 '나'의 집에서 머슴으로 일하는 노인

솔이 엄마: 윤 영감의 며느리(서울 사내와 야반 도주함)

윤학로: 윤 영감의 외아들(의처증 때문에 결국 아내가
    도망가자 자살함)

▶ 제3편 행운유수(行雲流水): 8편 중 3편

주인공 '나'와 성장기를 함께했던 옹점이의 결혼 생활과
인생 유전을 가슴 아프게 그림

▶ 제4편 녹수청산(綠水靑山): 8편 중 4편

대복이와 그의 가족에 얽힌 이웃 이야기로 그 삶이 퇴색되어 가는 과정을 그림

▶ 제5편 공산토월(空山吐月): 8편 중 5편

'관촌수필' 연작 가운데 가장 감동적으로 평가되는 작품으로 성실하게 살다 간 석공 신씨의 이야기이다. 직업은 석공인데, 선산의 묘를 관리해 주는 사람으로 '나'에게 있어 잊을 수 없는 사람이다. 신씨는 6.25 때 부역한 일로 5년 복역을 하고 출소한다. 그 후 마을을 위해 온갖 허드렛일을 도맡아 하며 성실하게 살았으나 37세의 젊은 나이로 요절했다. '나'는 이러한 비극 속에 인간에 대한 연민과 불우한 삶에 분통을 느낀다.

➡ 핵심 정리

* 배경: 시간적→ 1960년대

　　　공간적→ 산업 근대화의 미명 아래 무너져 가는

　　　전통적 농촌

* 주제: 근대화로 인해 붕괴되어 가는 농촌 현실을 보며
　　　 따뜻한 인간애의 추구
* 시점: 1인칭 주인공 시점

▶ 제6편 관산추정(關山芻丁): 8편 중 6편

　유년 시절의 고향 친구를 만난 이야기와 마을 안을 흐르던
한내(大川)에도 도시의 퇴폐적인 문화가 들어옴을 이야기함

▶ 제7편 여요주서(與謠註序): 8편 중 7편

　중학 동창인 친구가 아버지의 약값을 마련하기 위해 독극
물로 꿩을 잡아서 팔려다 발각되어 법정에 서는 이야기

▶ 제8편 월곡후야(月谷後夜): 8편 중 마지막 편

　외진 마을에서 벌어진 소녀 겁탈 사건의 범인을 동네 청년
들이 사적으로 처단하는 이야기

무정/이광수

▶ 줄거리

　이형식은 어려서 부모님을 잃고 떠돌다 박 진사의 도움으로 일본 유학을 하고 그의 딸 영채와 약혼을 약속하게 된다. 영채는 신식 학교를 운영하던 아버지와 오빠들의 투옥으로 집안이 몰락하자 어쩔 수 없이 기생이 되지만 서울로 간 형식만을 생각한다. 형식은 영채를 아내로 삼으려 했으나 기생이 된 사실에 마음의 동요를 일으킨다. 경성 학교 영어 교사가 된 그는 미국으로 유학 갈 김 장로(기독교인) 딸 선형에게 영어를 가르친다. 어느 날 뜻밖에도 형식의 약혼자인 영채가 하숙집으로 찾아온다. 그때 그녀는 그가 자기를 구해 줄 만한 능력이 없음을 판단하고 아버지의 무덤이 있는 평양으로 내려간다. 그녀가 가고 난 뒤에 경성 학교 학생들이 형식을 찾아와 주색에 빠져 있는 학감(학교에서 학교 업무 및 학생을 감독하는 직원) 배명식을 교육자답지 못하다며 규탄과 퇴진을 결의한다. 그는 학내 사태가 악화되자 모든 책임을 형식에게 돌리려 한다. 우연히 학감 배명식이 월향(영채)에게 추근댄다는 이야기를 듣지만 형식은 그녀를 구원하고자 해도 천원이 없어 탄식한다. 그러던 중 사랑에 빠져 선형과 영채 사이에서 갈등을 겪는다. 이때 형식은 영채가 배명식의 유인에 의해 교주(사립 학교의 경영자)의 아들 김현수를 따라 나갔다는 말에 불길한 예감이 들었는지 뒤따르다 청량사에서 겁탈당하기 직전의 영채를 본다. 다음날 형식이 영채가 있는 기생집으로 갔을 때 절망감과 수치심을 느낀 그녀는 유서를 남기고 아버지의 넋과 친구 월화의 넋을 찾아 대동강으로 간다. 신우선은 형식을 데리고 월향의 집으로 간다. 그리고 기생집 노파와 함께 영채를 찾아 평양까지 갔으나 결국 찾을 수가 없었다. 며칠을 결근하고 형식이 학교에 출근하자 학감 배명식과 학생들로부터 기생 월향을 찾아 평양까지 간 선생이라는 누명을 쓰자 미련없이 학교를 그만둔다. 김 장로는 영채의 일로 고민하는 형식을 딸 선형과 약혼시켜 미국 유학을 가게 한다. 한편 자살하기 위해 평양행 열차를 탄 영채는 우연히 동경 유학 중 방학을 맞아 돌아오는 음대생 병욱이 들려주는 인생 이야기에 자살을 단념하고 병욱의 고향 황주에 들러 일본으로 유학을 떠난다. 그들은 경부선 열차를 타고 부산으로 향하다가 열차 안에서 형식과 선형을 만난다. 그리고 취재차 온 우선도 만난다. 삼량진에서 수해로 열차가 지연되자 수재민 돕기 자선 음악회를 병욱이 제안한다. 이 과정에서 자신의 현실을 깨닫게 된 형식은 교육의 중요성을 다시 한 번 확인하고 계몽의 의지를 다진다. 그러면서 자신들의 유학은 개인이 잘 살고자 하는 것이 아니라 나라를 위해 앞

장서는 것임을 다짐한다.

▶ **인물 성격**

이형식: 주인공으로 경성 학교 영어 교사
　　　(현실과 이상의 사이에서 갈등함)

김선형: 김 장로의 딸로 기독교 집안의 개화된 신여성
　　　(형식과 미국으로 유학을 떠남)

박영채: 박 진사의 딸로 유교의 가부장적 교육을 받은
　　　순종적인 여인(현수에게 겁탈을 당하고 자살을 결심함)

김병욱: 반봉건적이며 자유 분방한 신여성
　　　(불쌍한 영채를 도와 일본 유학까지 시켜줌)

신우선: 신문 기자
　　　(기생집을 드나들다 마음을 잡고 글로 이름을 날림)

김 장로: 양반이면서도 부자인 기독교 장로
　　　(과거 관료 출신이나 서구 문명에 눈을 뜸)

▶ **핵심 정리**

* **갈래**: 장편 소설(근대 우리 나라 최초), 계몽 소설
* **배경**: 시간적→ 1910년 조선의 개화기
　　　　공간적→ 서울과 평양, 삼랑진
* **경향**: 계몽적, 사실적

* **주제**: 개화기 지식인의 현실적 자각과 새로운 사회의 열망
* **시점**: 전지적 작가 시점
* **문체**: 묘사체, 구어체(언문 일치)
* **출전**: 매일신보 연재(1917)
  1918년 광익서관에서 단행본으로 출간

➤ 구성
* **발단**: 이형식과 박영채의 재회(사랑을 고백하는 영채)
* **전개**: 선형과 기생이 된 영채 사이에서 방황하는 형식
* **위기**: 자살을 기도하는 영채(그녀를 찾으려는 형식)
* **절정**: 수재민을 위한 자선 음악회와 유학길에서의
  새로운 다짐
* **결말**: 형식, 영채, 선형, 우선 등의 후일담

⊙ 주요 저서: 흙/마의태자

광장/최인훈

▶ 줄거리

명준은 해방 후 만주에서 귀국한다. 서울에서 어머니가 죽고 아버지 이형도가 월북하자 아버지의 친구인 변 선생 집에 머물면서 철학과를 다닌다. 그는 변 선생의 아들 태식과 가까이 지내지만 현실에 환멸을 느껴 자기만의 밀실에 틀어박혀 산다. 그러던 중 월북한 아버지가 남로당원으로 대남 방송에 등장한다. 이를 빌미로 명준은 경찰서에 끌려가 아버지와 현재 연락을 주고받는지에 대하여 조사받는 과정에서 고문까지 당하는 것도 모자라 빨갱이로 취급받는다. 이에 환멸을 느낀 그는 윤애와의 사랑을 통해 관념과 현실의 간격을 극복하려 하지만 실패하고 북으로 간다. 그러나 북한도 만족할 만한 곳은 아니었다. 명준의 눈으로 볼 때 북한은 공식인 명령과 복종만이 있을 뿐 활기찬 혁명은 없었다. 즉, 진정한 삶의 광장은 없었던 것이다. 그는 아버지의 힘으로 노동신문의 기자가 되지만 당 간부들에게 검열을 받게 되자 기자 생활을 정리한다. 그리고 어느 곳에서든 진실이 없다는 것을 깨달은 후, 허무주의적 상황에 빠진다. 다행이도 은혜와의 사랑에서 이념의 무의미함을 다소나마 보상받지만, 그것 또한 개인적 삶의 한정된 행복일 뿐 진정한 의미의 광장은 사라지고 없었다.

명준은 한국 전쟁에 참전한 후로 뜻밖에도 간호병으로 자원한 은혜와 재회의 기쁨을 누린다. 재회 속에 그의 아이를 임신했다는 말을 듣지만 그녀는 전쟁 중에 죽는다. 결국 그는 새로운 삶을 발견하지 못한 채 밀리는 전투 속에서 포로로 있다가 남과 북도 아닌 중립국을 선택하게 된다. 그러던 어느 날 중립국을 선택한 포로들이 인도의 상선 타고르호를 타고 남지나해를 지날 때 명준은 바다에 뛰어들고 만다.

➤ 인물의 성격

이명준(주인공): 분단의 비극적인 상황에서 남한과 북한을 오가며 진정한 삶의 광장을 찾으려 함(광장을 찾기 위해 제3국을 선택하나 그것에 의문을 품고 바다에 몸을 던짐)

이형도: 명준의 아버지(남로당원으로 월북함)

변태식: 명준의 아버지와 친구인 변성재의 아들(명준의 아버지가 월북하고 어머니도 죽자 명준의 애인 윤애와 결혼함)

윤애: 남한에서 명준이 철학과를 다닐 때 그에게 영미가 소개해 준 애인(변태식과 결혼함)

영미: 변태식의 여동생(자기 친구 윤애를 명준에게 소개함)

은혜: 북한의 국립극장 소속 발레리나(명준의 북한 애인)

➤ 핵심 정리

* **갈래**: 장편 소설, 본격 소설, 사회 소설
* **성격**: 관념적, 철학적(이데올로기와 분단 문제를 다룬
　　　　최초의 소설)
* **배경**: 시간적→ 해방으로부터 6.25 정전 사이
　　　　공간적→ 서울과 평양
　 현재의 공간적 배경→ 인도로 가는 타고르호 선상
　 회상 속의 배경→ 6.25 당시의 남한과 북한
* **주제**: 이데올로기의 갈등 속에서 이상적 삶의 방식을
　　　　추구하는 인간의 모습
* **시점**: 전지적 작가 시점
* **발표**: 새벽(1960)

➤ 구성

* **발단**: 월북한 아버지 때문에 고초를 겪다가 월북함
* **전개**: 북한의 자유롭지 못한 사회 구조와 이념의
　　　　허상에 환멸을 느낌
* **위기**: 인민군으로 종군하다가 포로가 됨
* **절정**: 포로 석방 때 제3국을 선택함
* **결말**: 타고르호에서 바다로 투신함
⊙ 주요 저서: 회색인/총독의 소리/화두

우리들의 일그러진 영웅/이문열

➡ 줄거리

벌써 30년이 다 되어 가지만, 그 해 봄부터 가을까지의 외
롭고 힘들었던 싸움을 돌이켜보면 언제나 그때처럼 암담해
진다. 자유당 시절 공무원이었던 아버지가 시골로 좌천되자
'나'(한병태)는 시골의 Y초등학교로 전학을 가게 되었는데
여러 가지로 실망스럽기 그지없다. 5학년 학급 반장인 엄대
석과 '나'는 첫날부터 불편한 관계에 있다. 엄대석은 담임
선생님의 두터운 신임 아래 모든 학급 아이들이 그에게 전제
군주를 대하는 것처럼 스스로 복종하고 따른다. '나'는 모든
방법을 동원해 대항을 하지만 아무 소용없고 그저 아이들에
게 따돌림을 당해 외톨이가 된다. 결국 반장 엄석대에게 동
조하고 복종한 대가로 비호를 받는다. 6학년이 되자 사회의
변화와 때를 같이 하여 민주적 의식을 가진 새 담임 선생님
이 온다. 보다 절대적이고 철저한 교육 방식에 의해 엄석대
의 굳건한 권력이 무너지기 시작한다. 더욱이 자신의 시험
지를 우등생들로 하여금 작성하게 한 조작 사실이 밝혀지자
엄석대는 몰락한다. 권력의 몰락을 눈치챈 아이들은 엄석대
가 한 일을 고자질 하는 한편으로 예전만큼은 그를 따르지
않는다. 엄석대는 그를 배신한 몇몇 아이들에게 복수를 하

지만 아이들이 담합하여 엄석대를 공격하자 그는 자취를 감춘다. '나'는 그저 침묵할 따름이고 일류 학교를 꿈꾸며 그에 관한 기억들을 묻어버린다. 그 후 어른이 된 '나'는 대기업을 퇴직하고 대리점 경영을 하다 실패하여 실업자 신세가 되었다. 그때 석대가 다스렸던 가혹한 왕국에 내던져졌음을 느낀다. 그러던 중 우연히 석대를 피서 길에서 보게 된다. 그런데 그는 반짝반짝하는 수갑을 찬 채 경찰에 붙들려 간다. 그때 그에게서 어린 시절 영웅 같았던 모습이 아닌 복종하고 무력했던 우리 자신들의 모습을 보게 된다.

▶ 인물의 성격

한병태(나): 5학년 어린이(시골로 전학을 한 후 엄석대의
    권위에 도전하다 결국 굴복하고 그의 비호를 받음)

엄석대: 반장으로 절대 권력을 지향함(아이들을 교묘히
    이용하여 부정을 저지름)

아버지: 현실적인 환경에 순응함

5학년 담임: 절차와는 상관없이 책임과 의무를 다하지 않는
    방관자

6학년 담임: 민주적 개혁 의지를 보이는 또 다른 권력자
    (아이들의 역량에는 관심이 없음)

아이들: 가장 부정적인 인물(정체성을 확립하지 못해 아부와

굴종을 서슴지 않음)

▶ 핵심 정리
* 갈래: 중편 소설, 액자 소설, 우화(알레고리) 소설
* 배경: 시간적→ 60~80년대 중반
공간적→ 어느 시골의 초등 학교
* 경향: 사실적, 풍자적
* 주제: 절대 권력의 허구성과 부조리한 현실에 이기적으로
적응하는 소시민적 근성 비판
* 시점: 1인칭 관찰자 시점 * 출전: 문학사상(1987)

▶ 구성
역순행적(회고적) 구성
* 발단: 아버지가 시골로 발령을 받자 '나'는 시골의 Y초등
학교로 전학을 감
* 전개: '나'는 엄석대에게 도전하다가 소외당함
* 위기: '나'는 엄석대에게 순응하며 동조함
* 절정: 새로운 담임에 의해 엄석대의 허구성이 드러남
* 결말: 30년이 지난 뒤 우연히 잡혀 가는 엄석대를 보고 과
거를 떠올림
⊙ 주요 저서: 사람의 아들/금시조/귀두산에는 낙타가 산다

동백꽃/김유정

▶ 줄거리

'나'는 3년 전 이 마을에 들어와 점순네 농지와 집터를 빌려 사는 소작인의 아들로 17세의 순박한 농촌 청년이다. 우리 식구는 점순네 집에서 양식을 자주 꾸어 먹는 처지라 언제나 굽실거린다. 어느 날 내가 울타리를 엮고 있을 때 평소 말을 않고 지내던 점순이가 등 뒤로 다가와 구운 감자 세 개를 내밀었다. '나'는 점순이의 이런 갑작스런 행동에 고개를 돌리지도 않은 채 그것을 밀어 버렸다. 그러자 점순이는 '나'를 향해 독하게 쏘아보고는 눈물을 비치듯 달아났다. 점순이는 '나'를 못 잡아먹어 안달이다. 자기네 집 봉당(재래식 한옥에서, 안방과 건넌방 사이의 마루를 놓을 자리에 흙바닥을 그대로 둔 곳)에 홀로 걸터앉아 우리 집 씨암탉을 붙잡아 볼기짝을 콕콕 쥐어박거나, 사나운 자기네 수탉과 우리 집 수탉과 싸움을 붙인다. '나'는 싸움에 이기려고 우리 집 수탉에게 고추장까지 먹여 보았으나 점순네 수탉에게 쪼여 결국 지고 만다. 얼마 후 우리 집 수탉을 닭장에 가두고 산으로 나무를 간 사이 점순이가 우리 수탉을 꺼내어 자기 집 수탉과 동백꽃이 있는 산기슭로 가지고 가 싸움을 붙이고는 내 닭이 피를 흘려 죽을 지경인데도 천연덕스럽게 호드기를 불고 있다. 약이 오른 '나'

는 지겟작대기로 점순네 큰 수탉을 때려죽였다. 그러자 점순이가 눈을 부릅뜨고 달려든다. 점순이에게 다음부터는 그러지 않겠노라고 약속을 하자 그녀는 죽인 수탉을 비밀로 해 주겠다고 하면서 나의 어깨를 짚은 채 노란 동백꽃 속에 푹 파묻혀 버렸다. '나' 는 점순이의 알싸하고 향긋한 그 냄새에 땅이 꺼지는 듯이 온 정신이 아찔했다. 그때 점순이 어머니가 점순이를 부르자 점순이는 겁을 먹고 꽃 밑을 살금살금 기어 산 아래로 내려가고 나는 엉금엉금 기어 산 위로 도망치지 않을 수 없었다.

▶ 인물의 성격

'나' : 소작인의 아들로 순박한 청년(닭싸움을 계기로
  점순이의 구애를 받아들임)

점순: 마름(지주의 위임을 받아 소작지를 관리하던 사람)의 딸로
  깜찍스럽고 조숙한 처녀(적극적인 행위로 자기의
  목적을 달성함)

▶ 핵심 정리

* 갈래: 단편 소설, 순수 소설, 토속적 농민 소설
* 배경: 시간적→ 1930년대 어느 봄날
      공간적→ 강원도 산골의 농촌 마을

* **경향**: 해학적, 서정적, 토속적
* **주제**: 산골 젊은 남녀의 목가적이고 순박한 사랑
* **시점**: 1인칭 주인공 시점
* **문체**: 간결체, 토속적 문체
* **출전**: 삼문사(1938)

▶ 구성
역전적 구성
* **발단**: 닭싸움으로 나를 약오르게 하는 점순
* **전개**: 나흘 전, 감자를 준 호의를 거절당한 점순이가
  '나'의 닭을 더욱 학대함
* **위기**: 닭에게 고추장을 먹여 싸우게 했지만 소용없음
* **절정**: 죽기 일보 직전에 있는 '나'의 닭을 보자 화가 나서
  점순네 닭을 때려죽임
* **결말**: 내가 점순네 수탉을 죽였는데 그녀는 비밀로
  해주겠다고 함(그들은 동백꽃 속으로 파묻힘)

⊙ 주요 저서: 봄봄/소낙비/금 따는 콩밭/따라지

난장이가 쏘아 올린 작은 공/조세희

➡ 줄거리

낙원구 행복동에 철거 계고장(행정상의 의무 이행을 촉구하는 문서)이 날아들자 주민들은 야단법석이다. 입주권이 있어도 돈이 없는 주민들은 입주비를 낼 형편이 못 되 하나 둘씩 입주권을 투기꾼들에게 이주 보조금보다 약간 더 받고 팔았다. 그런데 투기꾼의 농간에 의해 입주권 가격은 하루가 다르게 치솟는다. '나'와 우리 가족은 그것을 팔아 명희네 전셋돈을 빼주고 나면 남는 것이 없어 거리에 내몰릴 참이다. 그 동안 아버지가 채권 매매, 칼갈이, 건물 유리창 닦기, 수도 고치기 등으로 겨우 살아왔으나 이제는 병에 걸려 더 이상 일을 할 수 없게 되자 어머니는 제본소에 '나'는 인쇄소 보조 일로 생계를 꾸린다. 아버지는 길 건너 고급 주택에서 가정교사를 하는 지섭과 어울리지 않게 가끔 대화를 한다. 지섭은 사랑이 없이 욕망만 떠도는 땅을 떠나 달나라로 가야 한다고 아버지에게 말을 하면서 '일만 년 후의 세계'라는 책을 빌려준다. '나'와 영호는 인쇄소가 불황이라는 이유로 쉬지 않고 일할 것을 강요받자 사장에게 노동 시간을 가지고 협상을 하다 결국에는 인쇄소에서 쫓겨났다. 집을 나간 영희는 아파트 투기꾼 사무실에 다녔는데, 거기서 순결을 빼앗기자 영

희도 자기에게 한 것처럼 그에게 마취를 시킨다. 그리고 그
의 서류 가방에서 아파트 입주권과 돈을 가지고 행복동 동사
무소로 간다. 서류 신청을 마치고 집으로 온 영희는 이미 집
이 철거된 것을 본다. '나'는 영희에게 아버지가 공장 굴뚝
에서 달나라를 향해 종이비행기를 접어 날리고, 작은 쇠공
을 쏘아 올리다 떨어져 죽었다고 말한다. 영희는 순간 아버
지를 난쟁이라고 부르는 악당은 죽여 버리라고 흥분한다.

▶ 인물의 성격

아버지(난장이): 현실을 초월한 이상의 세계를 갈망함

어머니: 아버지가 병에 걸리자 제본소를 다니면서
　　　　'나'와 함께 어렵사리 가계를 꾸려 나감

영수('나' 큰아들): 인쇄소 보조 일을 하면서 사장과 노동
　　　　협상을 하다 쫓겨남

영호(둘째 아들): 성격이 급하고 현실에 부정적임

영희(막내 딸): 투기꾼 사무실에 다니다 순결을 잃음
　　　　(투기꾼을 죽이고 입주권을 훔침)

▶ 핵심 정리

* 갈래: 중편 소설, 연작 소설　* 배경: 시간적→ 1970년대
공간적→ 재개발이 한창이던 서울 지역

* **경향**: 사회 고발적, 사실적
* **주제**: 도시 빈민이 겪는 삶의 고통과 좌절
* **시점**: 1인칭 주인공 시점(1, 2, 3부가 각각 영수, 영호, 영희의 시점에서 서술됨)
* **문체**: 단문형의 문체
* **출전**: 문학과 지성(1976), 12편 연작 중 네 번째 소설
⊙ 주요 저서: 나무 한 그루 서 있거라/모두 네 잎 토끼풀/모독

▶ 구성

복합적 구성

1부: 낙원구 행복동의 도시 빈민 가족으로 꿈을 잃지 않고 살아가던 중, 재개발 사업으로 인하여 어려움에 처함
2부: 낙원구 행복동 주민들은 대부분 투기꾼에게 입주권을 팔고 동네를 떠남
3부: 사회를 향한 영희의 절규

* **연작 12편**

①뫼비우스의 띠 ②칼날 ③우주여행 ④난장이가 쏘아 올린 작은 공 ⑤육교 위에서 ⑥궤도 회전 ⑦기계 도시 ⑧은강 노동 가족의 생계비 ⑨잘못은 신에게도 있다 ⑩클라인 씨의 병 ⑪ 내 그물로 오는 가시고기 ⑫에필로그

태평천하/채만식

▶ 줄거리

1930년대 후반의 어느 늦가을, 서울 계동의 만석꾼인 윤 직원 영감은 춘심이를 앞세워 명창 대회를 구경한다. 그리고 오는 길에 자신은 인력거를 타고 춘심이는 걸어오라고 한다. 윤 직원 영감이 인력거에서 내리자마자 인력거꾼이 돈을 내라고 한다. 서로 옥신각신하다 마침내 5전을 더 주고 불평을 하듯 집 안으로 들어선다. 대문이 열려 있자 그는 거지들 들어오라고 그런 것이냐며 호통이다. 이내 주부인 며느리가 열어 놓은 것이라는 것을 알고는 '짝 찢을 년!' 이라고 욕한다.

아버지 윤용규는 놈팡이(별로 하는 일 없이 빈들빈들 노는 사내를 얕잡아 이르는 말)로 어느 날 돈 200냥이 생기자 노름방을 삼간 후로 살림이 늘어 부자가 되었고, 윤두섭(윤 직원의 본명)은 물려받은 재산을 30년 동안 늘여왔다. 그때 수령에게 뜯기기도 하고 화적 떼에게 약탈을 당하기도 했다. 계유년 삼월 보름날 화적 떼의 손에 의해 아버지는 무참히 죽고 홑바지도 여미지 못한 채 달아난 윤 직원은 목숨을 부지했다. 화적들이 물러간 뒤 윤 직원은 돌아와 참혹한 광경을 눈앞에 두고는 '오오냐, 우리만 빼놓고 어서 망해라!' 하고 부르짖었다. 그에게 있어서 돈을 이만큼 번 것은 수단이 좋아서 그런 것이지 절대로 남의 것을 빼앗은 것이 아님을 자부한다. 불안한 시골 치안도 그렇고 후손의 교육도 그렇고 해서 서울로 올라온 윤 직원 영감에겐 지금이야말로 태평천하이다. 든든한 경찰이 있어 도둑 걱정이 없고, 자신의 고리대금업은 날로 번창하고 있으니 이런 좋은 세상이 어디 있느냐는 것이다. 그러니만큼 현재 그에게는 사회주의 운동 운운하는 자들이야말로 가장 경멸스럽고 두려운 자들이다. 그에게 있어 현실적으로 위협이 없으니 그것도 피안(이승의 번뇌를 해탈하여 열반의 세계에 도달하는 일. 또는 그 경지)의 경지일 따름, 윤 직원 영감에게 절박한 근심은 없다. 단지 문벌이 변변찮은 것이 마음에 걸린 그는 족보에 도금을 하고 새로 꾸몄다. 향교의 우두머리인 직원 직함을 돈 주고 샀다. 그리고 자식들을 양반 집안과 혼인을 시켰다. 남은 소원이 있다면 군수 하나와 경찰 서장이 그의 집안에서 나와 지위와 명성을 보태 주는 것이다. 마침 그에게는 손자가 둘 있다. 그러나 그의 집안은 문제가 많다. 외아들 창식은 진작 첩살림을 차려 나가 하는 일이라곤 노름에 빚보증에 계집질뿐으로 주색잡기에 거금을 뿌리고 있으며, 맏손자인 종수는 군수가 된답시고 시골 군청으로 내려가 첩살림을 하는지라 손자며느리도 과부나 다름없다. 서울댁 딸 하나는 진짜 과부로 친정에 와 있고, 둘째 손자 종학은 동경에서 대학을 다니고 있어 윤 직원이 끔찍이는 여기기는 하나 손자며느리로서는 과부나 마찬가지이다. 윤 직원 영감은 회춘을 하려고 두서너 해 전 첩을 얻었는데 다른 남자와 배가 맞아 도망갔고, 이후에도 열다섯 살짜리 어린 기생 춘심이년에게 은근히 접근하다 실패했다. 실은 춘심이년이 윤 직원 영감의 증손자 경손이와 놀아나고 있기 때문이다. 이런 신선놀음을 하고 있는 윤 직원 영감에게 비보가 날아든다. 맏아들 창식이가 동경 경시청에서 온 전보를 보여 주는데 거기에는 '종학, 사상 관계로 피검'이란 활자가 선명하다. 자신이 가장 증오하는 사회주의에 가장 큰 희망이요 보람이었던 경찰서장감 종학이가 연루되었다는 것을 안 그는 죽일 놈이라고 소리친다. 왜 태평천하에 사회주의 운동이 뭐냐고 계속 부르짖는, 죽일 놈 소리가 점점 사랑께로 멀리 사라진다. 마치 장수의 죽음을 만난 군졸들처럼 그렇게 말이다.

➤ 인물의 성격

윤용규(1대): 윤직원의 아버지(놈팡이 출신이로 거부가 되지만
　　　화적 떼에게 피살됨)

윤 직원(2대): 본명: 윤두섭(주인공으로 일제 치하를
　　　태평천하로 인식하고 있는 그는 사회에 대한 불신과
　　　피해 의식에 사로잡힌 고리대금업자)

윤창식(3대): 윤 직원의 장남(개화기 교육을 받은 세대로서
    가치관이 없는 타락자)

윤종수(4대): 윤 직원의 큰손자(윤창식의 큰아들로 아버지
    윤창식과 비슷한 행동을 보임)

윤종학(4대): 윤 직원의 둘째 손자(윤창식의 둘째 아들로
    동경 유학을 갔지만 사회주의 운동으로 체포되어
    윤 직원을 실망시킴)

춘심이: 윤 직원과 함께 다니는 15세의 어린기생

서울댁: 윤직원의 딸로 30대 과부

▶ **핵심 정리**

* 갈래: 중편소설, 사회 소설, 풍자 소설

* 배경: 시간적→ 1930년대
    공간적→ 서울의 한 평민 출신 대지주 집안

* 주제: 개화기에서 일제 시대에 이르는 윤 직원 일가의
    타락한 삶과 몰락 과정

* 시점: 전지적 작가 시점

* 문체: 판소리 사설을 그대로 인용한 문체

* 출전: 조광(1938년 1월부터 9월까지 연재)

➤ 구성

* 발단: 인력거 삯을 깎으려는 윤 직원 영감의 작태

* 전개: 윤 직원 영감 집안의 내력과 치부 과정

* 위기: 둘째 손자 종학에 대한 윤 직원 영감의 기대와
      윤 직원의 아들 창식과 큰손자 종수의 방탕한 생활

* 절정, 결말 : 둘째 손자 종학이가 사상 관계로
      일본 경시청에 피검되었다는 전보에 충격을 받은
      윤 직원 영감

⊙ 주요 저서: 탁류/레디메이드 인생/치숙/논 이야기

꺼삐딴 리/전광용

꺼삐딴은 영어로 캡틴(captain)이며, 러시아어 발음은 까삐딴 이다.

▶ 줄거리

개인 병원을 운영하면서도 종합 병원에 버금가는 외과 전 문의 이인국은 병의 증세보다 돈이 될 만한 진단을 내려 수 입을 올린다. 그리고 환자들을 선별해서 받는 까닭에 그의 병원을 이용하는 대상은 주로 일본인이고 지금은 권력층이 나 재벌이 대부분이다.

이인국은 자신이 살아온 삶의 역정을 돌이켜보다 문득 미 국 유학 중인 딸 나미의 편지를 생각한다. 그 편지에는 누가 뭐라고 해도 미국인과 결혼하겠다는 딸의 고집이 담겨 있 다. 상대는 동양학을 전공한 외국인 교수이다. 한편으로 생 각해보면 그 자신이 외국인 교수 앞에서 딸의 미국 유학을 주장했고 또한 그 외국인 교수가 한국 여성과 결혼하고 싶다 고 했을 때에도 찬성했었다. 이 같은 사실을 후처인 혜숙에 게 말한다. 그러나 혜숙은 관심을 보이지 않는다. 이인국은 미국 대사관의 브라운 씨와 약속 시간을 맞추기 위해 18금 회중시계를 꺼내 본다. 여기서 이야기는 30년 전 제국 대학 시절로 거슬러 올라가 졸업할 당시 부상으로 회중시계를 받는다. 그는 철저한 친일파로 자식들에게 일본어만 쓰도록 강요하고 심지어 잠꼬대까지도 일본어로 할 만큼 완전한 황국 신민이 된다. 또한 일본인들의 미움을 살까 두려워 형무소에서 풀려난 사상범을 냉정하게 외면한다. 그는 해방 후 소련군이 진주하자 변신을 꾀하려 했지만 치료를 거부했던 사상범 춘석이의 밀고로 감옥 생활을 하게 된다. 여기에서 이질 환자를 발견하고 치료해 준 이인국은 수용소의 의료 요원으로 일하게 되는 행운을 잡는다. 그는 이 기회에 스텐코프 장교의 혹을 제거해 주는 수술에 성공한다. 그 후 친소파로 돌변하여 영화를 누린다. 아들 또한 모스크바로 유학시켰는데 이것이 오늘날까지 부자간의 이별이 되고 만다. 이인국은 1.4후퇴 때 월남하여 친미로 돌아섰고, 처세술을 바탕으로 병원의 고객을 고위층으로 제한하면서 놀랄 만한 성장을 한다. 한편 미국으로 유학 보낸 딸이 미국인과 결혼하겠다는 말에 커다란 실망을 느끼지만 그래도 딸을 만나기 위해 대사관의 브라운 씨에게 고려청자를 선물하고 미 국무성의 초청장을 받아 낸 뒤 호텔 쪽으로 택시를 타고 가면서 마음껏 허공을 향하여 소리치고 싶었다. 차창 너머로 맑은 가을 하늘이 더욱 푸르고 드높다.

➤ 인물의 성격

이인국: 상업적인 외과 의사(시류와 타협하는 기회주의자)

아내: 수용소에서 사별함

나미(일본식: 나미꼬): 미국으로 유학을 간 딸(동양학을
　　전공하는 외국인 교수와 결혼하려고 함)

아들(원식): 광복 후 당 간부의 추천을 받아 소련으로 유학을
　　갔으나 생사를 알 수 없음

혜숙: 서울에서 만난 후처(20년 연하로 돌 지난 자식이 있음)

스텐코프: 이인국이 혹을 제거해 준 소련 장교

브라운: 미 대사관에 근무하며 이인국에게 도움을 주는 사람

➤ 핵심 정리

* 갈래: 단편 소설, 인물 소설, 풍자 소설

* 배경: 시간적→ 1940~1950년
　　　　공간적→ 해방과 6 · 25 전후

* 경향: 신심리주의적

* 주제: 시류와 타협하는 기회주의적인 인간 비판

* 시점: 전지적 작가 시점

* 문체: 간결체

* 출전: 사상계(1962)

➤ 구성

타임 몽타주(time montage) 구성

* 발단: 자신이 살아온 삶의 역정을 돌이켜보다 그는
　　　　문득 미국 유학 중인 딸 나미의 편지를 생각함

* 전개: 미국 대사관의 브라운 씨와 약속 시간을 맞추기
　　　　위해 18금 회중시계를 꺼내봄

* 위기: 해방 후 소련군이 진주하자 치료를 거부했던
　　　　사상범 춘식의 밀고로 감옥 생활을 함

* 절정: 1.4후퇴 때 월남하여 친미로 돌아섬

* 결말: 대사관의 브라운 씨에게 고려청자를 선물하고
　　　　미 국무성의 초청장을 받아 냄

현재: 이인국의 처세술과 인간성

회상 매체 1: 회중시계

과거: 일제 강점기(일어로 처세함)

현재: 미 대사관으로 가는 자동차 안

회상 매체 2: 석간 신문 머리기사

과거: 광복 후(노어로 처세함)

현재: 고려청자를 선물함(미 국무성의 초청장을 받음)

⊙ 주요 저서: 사수/충매화/젊은 소용돌이

날개/이상

▶ 줄거리

'나'는 33번지 18가구 유곽(공창 제도가 있었을 때 창녀가 모여서 몸을 팔던 집이나 그 구역)에서 여러 사람들과 함께 살아간다. '나'는 사회와 완전히 격리된 상태로 놀거나 밤낮없이 잠을 자며 아내에게 사육된다. '나'는 몸이 건강하지 못하고 자아의식이 강하며 현실 감각이 없다. 그래서 '나'는 아내가 버는 돈으로 생계를 꾸린다. 오직 한 번 아내를 차지해 본 이후로 단 한번도 아내의 남편이었던 적이 없다. 내 방은 대문간에서 일곱 번째에 있는데 아내의 방을 거쳐 미닫이를 열어야 들어설 수 있다. 내 방은 항상 음침하다. '나'는 밤낮 잠을 잔다. 아내가 외출하면 '나'는 그 틈을 타서 아내 방의 화장품 냄새를 맡거나 돋보기로 화장지를 태워 아내에 대한 욕구를 대신한다. 아내에게 접대 손님이 오는 날이면 '나'는 온종일 이불을 뒤집어쓰고 있다. 접대 손님이 가거나 아내가 외출에서 돌아오면 내 방에 들러 은화를 놓고 가지만 돈이 전혀 필요없는 '나'는 은화를 벙어리에 넣어 변소에 처넣어 버린다. '나'는 아내가 밤이 되어 외출할 때면 그 틈을 타서 외출을 하는데 돌아와서 보니 아내는 접대 손님과 함께 있었다. '나'는 아내 방에 들어가서 낮에 얻은 은화와 바꾼 지폐를

도로 내주고 아내와 처음으로 잠을 잤다. 아내 방에는 저녁 밥상이 조촐하게 차려져 있었다. 이 최후의 만찬을 먹고 나자마자 벼락이 내려도 '나'는 후회하지 않을 것이다. '나'는 어느덧 오늘 밤도 외출할 것을 생각하고 있었다. 돈이 있었으면 하고 생각했다. 내가 돈이 없어서 우는 것을 안 아내는 돈을 주며 자정이 넘거든 돌아오라고 했다. 그날 밤 '나'는 비를 흠뻑 맞은 탓인지 감기에 걸려 여러 날을 누워 있었다. '나'는 아내가 주는 약을 널름 받아먹고 그냥 죽은 것처럼 잠이 들었다. 이런 식으로 한 달을 지낸 후 '나'는 아내의 경대 위에서 수면제를 발견했다. 감기약이라고 주던 약이 틀림없었다. '나'는 어디라도 양지바른 자리를 하나 골라 자리를 잡고 서서히 아내에 관한 연구를 할 작정이다. 아내가 '나'를 밤낮으로 재워 놓고 무엇을 하려 했는가를 생각하다 그 약을 먹고는 잠들었다. 얼마 후 집으로 돌아와 아내의 방을 지나려다 보니 절대로 못 볼 것을 보고 말았다. 아내는 내 멱살을 쥐고 '나'를 물어뜯었다. '나'는 바지 주머니 속에 남아 있는 몇 푼 안 되는 돈을 꺼내어 몰래 미닫이의 문지방 밑에 놓고는 도망치 듯 나와 버렸다. 그리고 거리를 쏘다니던 끝에 화신백화점 옥상으로 올라가 '나'의 스물여섯 해 과거를 돌아보았다. 아내에게로 돌아가는 것이 옳은지 옳지 않은지를 이쯤에서 분간조차 할 수 없었다. 이때 뚜우

하고 정오의 사이렌이 울었다. 사람들은 어수선한 현실 속에서 그야말로 정신없이 움직인다. '나'는 불현듯 겨드랑이가 가렵다는 것을 느꼈다. 그것은 내 인공의 날개가 돋았던 자국이다. '나'는 걷던 걸음을 멈추고 이렇게 외쳐 보고 싶다. 날개야 다시 돋아라. 날자, 날자, 한 번만 더 날자꾸나. 한 번만 더 날아 보자꾸나.

➤ 인물의 성격

'나' : 경제적으로 무능력한 자아 상실적인 인물

아내: 매춘을 직업으로 경제권을 쥔 가학적인 여성

➤ 핵심 정리

* 갈래: 단편 소설, 심리주의 소설, 신변 소설

* 배경: 시간적→ 1930년대(일제 강점기) 어느 날, 공간적→ 33번지 해가 들지 않는 서울 유곽의 구석방.

* 시점: 1인칭 주인공 시점 * 성격: 자기 고백적, 상징적

* 표현: 기성 문법에 거스르는 충격적 언어 구사

* 갈등: 주인공의 일상적 자아와 본질적 자아간의 갈등

* 주제: 현실과 뒤바뀐 자아에서 현실적 자아로의 갈망

* 출전: 조광(1936)

➤ 구성

* **도입**: 자아의 독백(기지와 풍자적인 짧은 경구들, 지적인 역설과 분열된 자아 제시)

* **발단**: 33번지 유곽(공창 제도가 있었을 때 창녀가 모여서 몸을 팔던 집이나 그 구역)의 해가 들지 않는 '나'의 방

* **전개**: 접대 손님이 있는 아내(일찍 귀가한 나와 아내의 마주침)

* **위기**: 감기약 대신 수면제를 먹인 아내의 의도에 부심하는 '나'

* **절정, 결말**: 분열된 자아에서 정상적인 삶으로의 욕구

⊙ 주요 저서: 오감도/종생기

삼포 가는 길/황석영

▶ 줄거리

영달은 공사판에서 4개월 동안 일을 하기는 했으나 공사가 중단되는 바람에 밥값을 떼어먹고 도망을 친다. 막상 어디로 갈까 망설이던 그는 정씨를 만나 동행을 하게 된다. 정씨는 교도소 복역 중에 목공과 용접 기술 등을 배워 출소한 사람이다. 그는 영달과 같은 처지로 공사판을 전전하는 노동자인데, 영달과 달리 정착을 위해 고향인 삼포로 가는 길이다. 그들은 얼어붙은 강을 건너 찬샘이라는 마을의 국밥집에 들른다. 그리고 국밥집 아주머니로부터 백화라는 색시가 도망쳤다는 말과 그녀를 잡아 오면 만 원을 주겠다는 제안을 받는다. 국밥집을 나온 그들은 월출 쪽으로 가려고 했으나 눈이 왔기 때문에 감천 쪽으로 가다가 도망친 백화를 만난다. 백화는 이제 겨우 스물두 살이다. 열여덟에 가출하여 수많은 술집을 전전해서 그런지 삼십이 훨씬 넘은 늙은 작부로 보이는 것이 그들 눈에는 너무 측은해 함께 동행을 한다. 그들은 눈이 쌓인 산골길을 가다가 길 옆 폐가에서 잠시 불을 피워 놓고 몸을 녹인다. 백화는 과거 이야기를 들려주며 영달에게 관심을 보이지만 영달은 무뚝뚝하게 반응한다. 날이 어둑해지자 그들은 다시 길을 나선다. 눈길에 백화가 발을

다치자 영달이 백화를 업는다. 감천 읍내 역으로 가는 길에
백화가 영달에게 갈 곳이 없으면 자기 고향으로 함께 가자고
제안을 한다. 그러나 영달은 거절을 하면서 자신의 비상금
을 털어 백화에게 차표와 먹을 것을 사준다. 백화가 떠난 후
영달과 정씨가 대합실에서 잠깐 눈을 붙이고 일어났을 때,
옆에 있던 노인이 두 사람에게 어디로 가느냐고 묻는다. 삼
포로 간다고 말을 하니 지금 삼포는 개발 중이라고 노인이
말을 한다. 그 말에 영달은 일자리가 생겨 반갑다 하지만 정
씨는 정작 발걸음이 내키지 않는다. 기차는 눈발이 날리는
어두운 들판을 향해 달려간다.

➤ 인물의 성격

정씨: 출소한 후로 고향인 삼포를 찾음

노영달: 착암기 기술자(공사판을 떠도는 인부)

백화: 18세에 가출한 작부로 군부대 주변에서 몸을 팖

➤ 핵심 정리

* 갈래: 단편 소설, 여로 소설

* 배경: 시간적→ 1970년대

        공간적→ 공사판에서 고향인 삼포로 가는 여로

* 경향: 사실주의

* 주제: 급속한 산업화 속에서 고향을 잃고 떠도는
　　　　인생 역정
* 시점: 전지적 작가 시점
* 문체: 간결체
* 출전: 신동아(1973)

➤ **구성**
* 발단: 공사판에서 일이 중단되자 밥값을 떼어먹고
　　　　도망치던 영달이 삼포로 가는 정씨를 만나서 동행함
* 전개: 삼포로 가는 기차를 타기 위해 감천으로 가던 중
　　　　도망친 백화를 만나서 동행함
* 절정: 백화가 영달에게 자기 고향으로 함께 가자고 제안을
　　　　하지만 영달은 백화를 떠나보냄
* 결말: 삼포에도 공사판이 벌어졌다는 사실을 알게 된
　　　　정씨는 발길이 내키질 않음

⊙ 주요 저서: 손님/장길산/바리데기

서울, 1964년 서울/김승옥

▶ 줄거리

  1964년 겨울 서울 오뎅(꼬치)과 참새구이를 안주거리를 파는 어느 선술집에서 우리 셋은 우연히 만난다. 선술집이란 잠깐 한잔하고 싶을 때 들르는 곳이지 오래 앉자 무슨 얘기든 주고받을 곳은 못된다. 고졸 출신으로 구청 병사계에서 근무하는 '나'는 선술집에서 대학원생인 '안'과 정체를 알고 싶지 않은 서른 대여섯 살 사내를 만난다. 먼저 만나 대화를 한 사내는 '나'와 '안'이라는 대학원생이다. 서로 자기소개는 끝났지만 할 얘기가 없어서 잠시 술만 마셨다. 까맣게 그을린 참새구이를 손으로 잡으면서 내가 파리를 사랑하느냐고 묻자 그는 사랑한다고 했다. 그리고 그가 꿈틀거리는 것을 사랑하느냐고 물었는데, '나'는 버스 의자에 앉은 젊은 여자의 아랫배가 움직인다고 말했다. 부잣집 아들인 '안'이나 내가 밤거리로 나온 이유는 크게 다를 바가 없다. '나'는 '안'과 꿈틀거리는 것에 대해 한참을 이야기하다 다시 침묵 속으로 떨어져서 술잔만 만지작거리고 있었다. '안'이 서울은 모든 욕망의 집결지가 아니냐고 묻기에 내가 모른다고 하자 우리의 대화는 또 끊어졌다. 이번엔 침묵이 오래 계속되었다. '나'는 술잔을 입으로 가져갔다. 내가 잔을 비

64

우고 났을 때 그도 잔을 입에 대기는 했으나 눈을 감고 마시
는 듯 보였다. '나'는 이제 자리를 떠야 할 때라는 것이 서글
펐다. 자리를 옮기려고 일어섰을 때, 가난하고 기운이 없어
보이는 서른 대여섯쯤이나 되어 보이는 사내가 함께하기를
간청한다. 그 사내는 기어이 저녁을 사겠다고 중국집으로
들어간다. 자신은 서적 판매원이며 행복한 결혼 생활을 했
다고 한다. 그런데 오늘 급성뇌막염으로 아내가 죽게 되자
그 시체를 병원에 해부용으로 판 후, 아무래도 그 돈을 오
늘 안으로 다 써야 할 것 같다면서 꼭 함께 있어 달라고 말
을 한다. 그들이 음식점을 나오자 소방차가 지나간다. 셋은
택시를 타고 그 뒤를 따라가 불구경을 한다. 이때 사내가 아
내라고 소리치며 갑자기 쓰다 남은 돈을 손수건에 싸서 불
속에 던진다. '나'와 '안'은 돌아가려 했지만 사내는 혼자
있기가 무섭다고 애걸한다. 통금 시간이 다 되어서야 여관
으로 들어간 우리는 혼자 있기 싫다는 그와 다른 방을 쓴다.
그런데 다음날 '안'과 '나'는 그가 자살했음을 알고 성급히
여관을 나선다. 그가 죽을 것을 알았던 '안'의 얼굴에는 두
려움이 가득하다.

▶ 인물의 성격

'나'(25세): 서술자인 '나'는 고등학교를 졸업하고
   육사 시험에 떨어지자 구청 병사계에서 근무를 함
   (냉소적이고 중심이 없는 삶을 사는 인물)

안(25세): 대학원생으로 1960년대 지식인의 전형적 인물
   (회의주의적이고 자기 구도적임)

외판원(35~6세): 1960년대 방향을 상실한 30대 가난한
   외판원(삶에 절망하는 인물)

▶ 핵심 정리

* 갈래: 단편 소설, 도시 소설
* 배경: 시간적→ 1964년 어느 겨울 밤
   공간적→ 허무에 찬 서울 거리
* 경향: 허무적
* 주제: 심리적 방황과 인간적 연대감의 상실
   (소외된 삶과 허무 의지)
* 시점: 1인칭 주인공 시점
* 출전: 사상계(1965)

➤ 구성

* **발단**: '나'와 '안'이라는 대학원생이 포장마차에서 무의미한 대화를 나눔
* **전개**: 낯선 사내가 말을 걸어오며 자신의 불행을 말하고 함께하기를 간청함
* **위기**: 화재가 난 곳에서 사내는 아내의 시체 값을 불 속에 던지고 불안에 빠짐
* **절정**: 여관에 투숙함
* **결말**: 다음날 아침 사내가 자살하자 '안'과 '나'는 여관을 서둘러 나옴

⊙ 주요 저서: 역사/무진기행

만세전(원제: 묘지)/염상섭

➡ 줄거리

조선에 만세 사건이 일어나기 직전, 동경 W대학 문과에 재학하던 '나'(이인화)는 학기말 시험으로 정신이 없다. 김천의 형님께서 서울에 있는 아내가 위독하다는 전보를 보내오자 시험을 포기한 채 귀국을 결심한다. 그러나 '나'는 위독하다는 소식보다는 전보와 함께 붙여온 백 원이 더 반갑기만 하다. 사회의 여러 가지 모순을 고쳐야 된다고 생각하면서도 실행에 옮기지 못하는 자신에 대한 불만과 원만하지 못했던 부부 관계 등으로 '나'의 마음은 음울하다. 뚜렷한 목적도 없이 정자가 있는 술집에 들러 술도 마시고, 카페에도 가보고, 음악 학교 학생인 을라도 만나 본다. 그녀는 나를 반기지만 친구인 병화와 묘한 관계에 있으므로 냉소적이기만 하다. 그녀는 '나'에게 며칠 후 같이 귀국하자고 제안을 하지만 나는 거절한다. 시모노세끼 역에서 내리자 조선 사람이란 이유로 일본 형사가 검문을 한다. 배 안의 욕실에서 조선인 노동자들을 경멸하는 일본인들의 이야기를 듣고 있는 '나'는 분개한다. 목욕을 마친 '나'는 조선인 형사와 몇 명의 일본인으로부터 검색을 당하고 서류를 빼앗긴다. '나'는 나라 없는 설움과 압박에 울분을 터뜨린다. 부산항에 도착해서 조선인 순사보와 일본 형사 보조원에 의해 파출소로 끌려가 조사를 받는다. 조사를 받고 난 후 시가지 구경을 하기 위해 길을 나서지만 조선 사람의 집은 하나도 볼 수 없다. '나'는 그 많은 조선인이 어디로 갔는지 궁금해 하면서 몇 천 년 동안 조상의 끈질긴 노력으로 다져 놓은 이 땅을 일본인들이 다 차지하고 있다는 사실에 새삼 놀란다. 아침을 먹으려고 조선인 음식점을 찾았지만 없어서 일본인 음식점으로 들어가 밥을 먹는다. 여기에서 일본인 막벌이꾼들의 행동과 조선인 어머니의 품에서 자랐으나 조선을 증오하고 일본인 아버지를 찾으려는 국수집 여급의 말에 불쾌감을 느낀다. '나'는 아침을 먹고 나서 서울행 기차를 타고 가던 중 김천에서 마중 나온 형님을 만난다. 형님은 소학교(초등 학교) 훈도인데, 형수가 아들을 못 낳자 첩까지 둔다. '나'는 나라가 망하고 백성들이 굶주리는 조선의 현실을 생각하고 형에게 불쾌감을 느낀다. 오랜만에 찾은 형님의 집에는 늙은 형수와 새 형수, 새 장모가 묘한 조화를 이루고 있었고 새 형수는 공교롭게도 어린 시절 알고 지내던 최 참봉의 둘째 딸이었다. 묘한 감회에 잠겼던 '나'는 아들을 낳아 보겠다는 욕심에 새 장가를 든 형을 경멸하게 된다. '나'는 형과 마주한 술자리에서 산소 문제에 대하여 이야기를 하지만 결론을 내지 못한다. 형의 집을 떠나 다시 기차를 탄 '나'는 조선인 순사에 대한 연민과 미움을 동시에 경험한다. 갓장수 장돌뱅이가 공동 묘지 문제로 걱정을 한다. 기차 안에서 대 수색을 하는지 '나' 는 범인들 중에 아이를 업은 젊은 여인을 보고 섬뜩한 충격을 받는다. 기차 안에서 주눅이 든 젊은 사람들의 얼굴과 천한 웃음을 흘리는 얼굴을 보자 '나' 는 순간 구더기 끓는 무덤처럼 보여 탄식이 절로 난다. 서울에 도착하면서 '나' 는 우리 민족이 암담한 현실에 빠지게 된 것은 일제 때문만이 아니라고 생각한다. 봉건적 무지에서 헤어나지 못한 채, 식민지 지배에 굴종해 자신의 안위를 우선시하는 우리 민족 개개인에게도 심각한 원인이 있다고 생각한다. 집에 도착한 '나' 를 어머니는 눈물로 맞아 주었다. 현대의학으로 충분히 고칠 수 있는 유종인데 재래식 의술에 맡겨두고 술타령하는 아버지와 출가했다가 과부가 되어 돌아온누나 등등 어수선한 분위기에 도무지 안정을 찾을 수 없었다. '나' 는 오래간만에 병화의 집을 찾았다. 그러나 변한 듯한 그의 모습이 서먹해서 자리를 뜬다. 아내가 세상을 떠나는 바람에 다시 유학길에 오르려 하자 식구들의 만류로 발이묶였고, 재혼하라는 형의 말도 귀에 들어오지 않았다. 형에게 '나' 는 자식의 양육을 맡긴다. 그러는 동안 '나' 는 정자로부터 새로운 생활을 위해 대학에 진학하겠다는 편지를 받는다. '나' 는 새 출발을 축하한다는 편지와 함께 형님이 초상을 치르고 남은 돈 삼백 원을 주기에 백 원을 그녀의 학비로 부쳐 준다. 그리고 사회고 집안이고 구더기가 끓는 공동 묘지 같은 답답한 환경을 벗어나기 위해 다시 '나'는 동경으로 떠난다.

▶ 인물의 성격

'나'(이인화): 동경 W대 문과 유학생(당대의 현실을
　　　　공동 묘지로 인식하고 지나치게 자학함)
아내: 순종하는 여인으로 이 시대의 비극적인 희생양
정자: 술집 여급으로 대학에 진학할 결심을 하는
　　　　이지적이고 진취적인 인물(동경에 있는 '나'의 애인)
을라: 유학생(음악 전공자)
김천 형님: 소학교 훈도로 현실 순응적이며 보수적임
아버지: 고루한 사고 방식을 가진 구시대 인물
병화: 이인화와 가깝게 지내는 인물(큰집 형님의 이복 동생)
김 의관: 사기꾼

▶ 핵심 정리

* 갈래: 중편 소설, 장회 소설(전9장), 여로 소설
* 배경: 시간적→ 1918년 3 · 1운동 직전
　　　　공간적→ 동경과 서울

* **경향**: 사실주의
* **주제**: 식민지적 상황에서 고통을 받고 있는 조선의 현실과
그에 대한 탈출 심리
* **시점**: 1인칭 주인공 시점
* **문체**: 사실적이고 호흡이 긴 만연체
* **출전**: 신생활(1922)에 '묘지'라는 제목으로 2회까지
연재되다가 '만세전'으로 제목을 바꾸어 시대일보
(1924)에서 완결함

➤ **구성**

전체가 9장으로 된 원점 회귀 구조
* **발단**: 동경에 유학중인 '나'(이인화)는 아내가 위독하다는
전보를 받고 귀국을 준비함
* **전개**: 답답한 심정에 '나'는 술집을 전전하다가 귀국을
위해 배를 탐
* **위기**: '나'는 배 안에서 일본인의 조선인 멸시에 분개함
* **절정**: 조선이 처한 현실에 분노를 느끼지만 결국
'나'는 무덤 같은 조선에서 탈출하려고 함
* **결말**: '나'는 아내가 죽자 눈물 없이 동경으로 떠남
⊙ 주요 저서: 표본실의 청개구리/만세전/두 파산/삼대/
무화과

메밀꽃 필 무렵/이효석

▶ 줄거리

여름 장판(장이 선 곳)이 시작부터 글러서, 해가 아직 중천인데도 장터는 벌써 썰렁하고 사방으로 뻗친 햇살은 모든 휘장(여러 폭의 피륙을 이어서 둘러치는 막) 밑으로 등줄기를 훅훅 볶는다. 마을 사람들은 거의 돌아간 뒤라 팔지 못한 나무꾼들이 궁싯거리고(별 할 일이 없이 머뭇거리고) 있으나 석유병에 기름을 받고 고기나 사면 족할 축(패거리, 같은 무리)들을 바라고 언제까지든 버틸 수는 없는 노릇이다. 드팀전(온갖 피륙을 파는 가게, 포목점)의 허 생원은 얼금뱅이(얼굴이 얼금얼금 얽은 사람)인데다가 왼손잡이이다. 그는 쇠약해진 몸을 이끌고 하루에도 몇 십리 길을 다녀야 하는 처지로 평생을 장돌뱅이로 지내다 보니 모아놓은 재산조차 변변치 않아 갈 곳이 없는 동업자 조 선달과 떠도는 중이다. 어느 여름날 둘은 술집(충주집)에서 여자와 농탕(남녀가 음탕한 소리와 난잡한 행동으로 마구 놀아대는 짓)치고 있는 짜장(과연, 정말로) 동이를 보게 된다. 그것을 보고는 꼴사납던지 얼떨결에 허 생원은 동이의 따귀를 갈기고 욕을 하며 쫓아 버린다. 동이가 화를 내며 벌떡 일어나기는 했으나 한마디 대거리(상대하여 대듦)도 하지 않고 나가 버리니 도리어 측은하다. 아직도 서름서름(서먹서먹한)한 사이인데 너무 심했나 하는 생각이 들자 마음이 섬

뜩하다. 얼마 지난 뒤인지 동이가 황급히 뛰어들어 '생원 당나귀가 바를 끊고 야단이에요.' 라며 전에 아무 일도 없었다는 듯이 말을 한다. '부락스런(말을 잘 듣지 않는) 녀석들이라 어쩌는 수 없지.' 허 생원의 당나귀는 그와 반평생을 살아온 유일한 동반자이다. 비록 지금은 가스러진(잔털 따위가 거칠게 일어남) 목뒤털과 눈곱이 개진개진(추레하고 물기가 엉겨 붙은 모양)하고 몽당비처럼 짧게 닳아빠진 꼬리로 파리를 쫓으려고 휘저어 보아야 벌써 다리까지는 닿지 않고, 닳아 없어진 굽을 몇 번이나 도려내고 새 철을 신긴 당나귀라지만 허 생원에게 있어 짐승 이상의 존재이다. 날이 어두워지자 허 생원은 조 선달과 동이를 데리고 나귀에 바리(소나 말 따위의 등에 잔뜩 실은 짐을 세는 말) 짐을 싣고 다음 장으로 발을 옮겼다. 허 생원은 달이 환한 달밤이면 으레 젊었을 때 봉평에서 있었던 옛일을 되풀이해서 이야기한다. 메밀꽃이 활짝 핀 개울가로 목욕을 하러 갔다가 성 서방네 처녀를 물레방앗간에서 만나 어쩌다가 정을 맺었다 한다. 산길을 벗어나니 큰길로 틔어졌다. 꽁무니의 동이도 앞으로 나선다. 허 생원이 동이에게 이제는 그만 정신을 차리라고 한다. 동이는 자나깨나 어머니 생각뿐이라며 피붙이라고는 어머니뿐이 없다고 한다. 허 생원은 바로 오늘 밤, 동이가 아버지를 모르고 자라난 사생아임을 알게 된다. 동이의 이야기를 듣고 비록 말은 하지 않았지만 자신과 비슷한 처지의 동이가 측은하다. 어머니의 고향이 봉평이며 제천에서 홀로 산다는 말을 듣자 생원은 그만 방정맞게 발을 헛디뎌 개울 한 가운데 고꾸라진다. 진종일 실수만을 하는 생원을 보고 조 선달은 기어코 웃음이 터진다. 생원은 제천에 가보고 싶다며 같이 가지 않겠느냐고 동이에게 묻는다. 나귀가 걷기 시작했을 때 동이의 채찍은 왼손에 있었다. 오랫동안 아둑시니(아둔하여 눈치가 부족한 사람, 어둠의 귀신) 같이 눈이 어둡던 허 생원도 요번만큼은 동이가 왼손잡이라는 것을 똑똑히 보았다. 걸음도 해깝고(가볍게) 방울 소리가 밤 벌판에 한층 청청하게 울렸다. 달이 어지간히 기운다.

▶ 인물의 성격

* 허 생원(주인공): 장돌뱅이로 한국 토속 사회의 한 전형적인
    과거 지향적인 인물
* 조 선달: 허 생원의 동업자로 현재 지향적인 인물
* 동이: 장돌뱅이(순수한 젊은이로 허 생원의 혈육임을 암시)

 '나귀'의 상징적 의미: 허 생원과 불가분의 관계로
                동고동락함

➤ 핵심 정리

* 갈래: 단편 소설, 순수 소설, 본격 소설
* 배경: 시간적→ 1920년대 어느 여름날 오후부터 밤까지
　　　　공간적→ 강원도 봉평 장터에서 대화까지의 메밀꽃
　　　　　　　　핀 달밤 길
* 경향: 낭만적, 서정적, 탐미적, 사실적
* 주제: 떠돌이 삶의 애환 속에 펼쳐지는 인생 유전과 애정
* 시점: 전지적 작가 시점
* 문체: 간결체, 시적 서정적 문체
* 출전: 조광(1936)

➤ 구성

* 발단: 봉평 장터에서 허 생원은 조 선달과 일찍 파장함
* 전개: 술집(충주집)에서 허 생원은 계집과 농탕치고
　　　　있는 동이를 쫓아냄
* 위기: 동이 어머니의 친정이 봉평이라는 이야기를 들음
* 절정, 결말: 동이가 허 생원의 혈육임을 암시

⊙ 주요 저서: 도시와 유령/수탉/화분/행진곡

역마/김동리

➡ 줄거리

  화개 장터에서 술맛이 좋기로 이름난 이 주막집의 주인 옥화는 떠돌이 중으로부터 성기를 낳았다. 그런데 그 아이 세 살이 될 무렵 사주를 보아 하니 사주에 역마살이 끼었다고 한다. 옥화는 그 역마살을 풀어 주기 위해 아들을 쌍계사로 보내고, 장날만 집으로 와서 책전(책을 늘어놓고 파는 가게)을 펴게 한다. 어느 날 나이 예순도 훨씬 더 넘어 보이는 늙은 채 장수가, 채와 바닥 감들을 어깨에 걸머진 채 손에는 지팡이와 부채를 들고 옥화네 주막을 찾아와 딸을 맡긴다. 성기는 그의 딸 계연과 함께 지내면서 좋아하는 사이가 된다. 옥화는 성기와 결혼시켜 역마살을 풀어 보려 한다. 그러나 옥화는 계연의 머리를 손질하다 왼쪽 귓바퀴 위에 조그만 사마귀 한 개를 우연히 발견하고는 계연이가 이복동생이라는 것을 예감하며 둘 사이를 떼어놓는다. 채 장수 영감이 돌아와 그 동안의 사연을 들려주는데, 여기서 그는 36년 전 이곳 주막의 한 여인과 하룻밤을 지내고 낳은 딸이 옥화이며, 예감대로 계연은 옥화의 이복동생이라 했다. 채 장수 영감은 그들의 사랑이 더 깊어지기 전에 계연을 데리고 자기의 고향인 여수로 떠난다. 옥화는 계연의 조그만 보따리 속에 돈이 든 꽃주

머니 하나를 정표로 준다. 계연은 애걸하듯 호소하듯 붉은
두 눈으로 한참 동안 옥화의 얼굴을 쳐다본다. 이때 옥화가
계연에게 또 오라고 하자, 계연은 옥화의 가슴에다 얼굴을
묻으며 엉엉 소리를 내어 울기 시작한다. 성기는 계연이 저
만치 멀어지자 우두커니 그녀를 바라보고 있을 뿐이다. 그
일이 있고 나서 성기는 중병을 앓는다. 옥화가 성기에게 채
장수 영감이 화개장터에서 하룻밤 놀고 간 자기의 아버지이
고, 계연은 동생이라고 이야기를 해준다. 병이 회복되면서
성기는 역마살이 도졌는지, 어머니와 헤어진 뒤로 주막이
자신의 눈에서 멀어지자 제법 육자배기(잡가의 한 가지. 남도 지방에서
널리 불리는데, 곡조가 활발함) 가락으로 콧노래를 흥얼거린다.

▶ 인물의 성격

성기: 화개장터 주막집 옥화의 아들로 타고난 역마살
　　　때문에 떠돌아다닐 수밖에 없는 운명적 인물(계연과
　　　사랑을 이루려고 하지만 자신의 이모임을 알고 팔자에
　　　따라 떠돌이 생활을 함)

옥화: 성기의 어머니로 주막집 주인(계연과 결혼을 시키려
　　　했으나 계연이 자신의 이복동생임을 알고 아들 성기의
　　　역마살을 막는 데 실패함)

채 장수(채를 팔러 다니는 사람): 계연의 아버지이자 옥화의

아버지(역마살이 낀 인물로 36년 전 옥화의 어머니와
　　　하룻밤 관계를 맺음)
계연: 채 장수 영감이 50을 넘어 낳은 딸(옥화의 이복동생,
　　　성기를 사랑하나 사랑을 이루지 못하고 아버지를 따라 떠남)

➤ 핵심 정리

* 갈래: 단편 소설, 순수 소설
* 배경: 전라도와 경상도의 경계 지역인 화개 장터
* 경향: 무속적, 운명적
* 주제: 팔자소관에 순응함으로써 죽음으로부터의 구원
* 시점: 전지적 작가 시점
* 문체: 간결체, 화려체
* 출전: 백민(1948)

➤ 구성

단순 구성, 입체적 구성

* 발단: 옥화는 아들 성기의 역마살을 없애려고 노력하던
　　　차에 채 장수 영감이 딸 계연을 옥화에게 맡기고
　　　장사를 떠남
* 전개: 옥화의 아들인 성기와 채 장수의 딸인 계연이 서로
　　　사랑을 하게 됨

* **위기**: 옥화는 계연의 왼쪽 귓바퀴에서 사마귀를 발견하고
     이복동생임을 예감함
* **절정**: 계연이 성기의 이모임이 밝혀지고, 둘의 사랑이
     운명적으로 좌절됨
* **결말**: 성기는 중병을 앓게 되고 병이 낫자 운명에
     순응하며 화개 장터를 떠남

◉ 주요 저서: 무녀도/황토기/귀환 장정/등신불

운수 좋은 날/현진건

▶ 줄거리

　며칠 동안 돈 구경도 못한 인력거꾼 김 첨지에게 있어서 눈과 비가 섞여 오는 추적추적한 날이 더 운수가 좋은지 이상하게도 손님이 많다. 아침부터 앞집 마나님을 모셔다 준 일을 시작으로 손님 하나하나에 인력거 안이 비어 있는 듯한 눈길을 주면 손님이 생겨 그들을 태워다 준다. 첫 번에 삼십 전, 둘째 번에 오십 전 도합 팔십 전을 벌었다. 그는 눈물이 날 만큼 기뻤고, 이 돈이면 컬컬한 목에 모주 한잔 적실 수 있거니와 앓아누운 아내에게 설렁탕 한 그릇을 사 줄 수 있는 터다.

　그의 아내는 앓아누운 지 오래 되었다. 조밥을 먹다 체하여 병이 악화된 상태로 약 한 첩도 못 썼으니 완치되기는 어렵다. 그런 아내가 이따금씩 설렁탕 국물이 마시고 싶다고 말했는데, 이날 돈이 벌리자 김 첨지는 한 잔 할 생각과 아내에게 설렁탕을 사주고 세 살 먹은 자식에게 죽을 사 줄 생각에 마음이 들떠 있다. 그러나 병든 아내가 오늘 아침 자신이 몹시 아프니 제발 나가지 마라 달라고 하는 말을 새삼 떠올린다. 그리고 불길한 예감에 주저할 쯤 학생 손님이 생기자 남대문 정거장까지 태워다 주고 평생 보지도 못할 것 같은 일 원 오십 전이라는 큰돈을 받는다. 저녁 무렵 돈벌이는 쏠쏠했지만 불행을 향해 다가가고 있는 것 같은 느낌에 김 첨지는 집으로 향하기가 매우 찜찜했다. 그러던 차에 선술 집(술상이 차려져 있어 선 채로 술을 마시는 집)에서 나오는 친구 치삼이를 만나 같이 술을 하게 되었는데, 지나치게 술을 하자 치삼이 는 말렸다. 그러나 돈을 많이 벌었다는 주정과 함께 돈에 대 한 원망도 하다 자신의 아내가 죽었을 것 같다는 말을 친구 인 치삼이에게 한다. 치삼이가 얼른 집으로 가라고 하자 김 첨지는 거짓말이라고 말을 하면서 술을 더 마신다. 취중에 도 설렁탕 한 그릇을 사가지고 집으로 들어섰건만 집 안은 너무나 적막해 김 첨지는 아내가 나와 보지도 않는다며 소리 를 지른다. 그리고 곧 방문을 열었을 땐 이미 아내는 죽어 있었고 어린애의 빈 젖 빠는 소리만 날뿐이다. 그는 닭똥 같 은 눈물을 흘리면서 미친 듯이 제 얼굴을 죽은 아내의 얼굴 에 비비면서 중얼거린다. '설렁탕 사왔는데 왜 먹지 못하니, 왜 먹지 못하니… 괴상하게도 오늘은 운수가 좋더니만!'

➤ **인물의 성격**

* **김 첨지**: 가난한 인력거꾼으로 비극의 주인공

　　　(빈민 노동자의 전형적인 인물로 몰인정한 것 같지만
　　　속마음은 선량함)

* 아내: 굶주리는 중년의 병든 여자

    (설렁탕 먹기를 소원했으나 끝내 죽음을 맞이함.

    작품의 행복과 불행을 결정짓는 인물)

* 치삼이: 김 첨지의 친구

➤ 핵심정리

* 갈래: 단편 소설, 본격 소설
* 배경: 시간적→ 1920년대 일제 강점기

    공간적→ 어느 비오는 겨울날의 서울('비'는 인물의

        비극적 결말을 암시하는 상징적 배경임)

* 경향: 사실주의, 반어적(상황의 아이러니)
* 주제: 일제 강점기 빈민 노동자의 궁핍한 생활상

    (도시 빈민층의 비극적인 삶)

* 시점: 전지적 작가 시점과 부분적으로

    작가 관찰자 시점 혼용

* 출전: 개벽(1924년)

➤ 구성

극적인 반전을 통해 인간의 운명적 반어(상황의 아이러니)
를 이룸

* 발단: 인력거꾼 김 첨지는 오랜만의 행운으로 많은 돈을 벌음

* **전개**: 연속되는 행운 속에서도 앓아누운 아내의 말이
        생각나자 김 첨지는 불길한 예감에 귀가를 서두름
* **위기**: 선술집에서 친구 치삼이와 술을 마시면서도
        아내가 죽을지 모른다는 생각 때문에 횡설수설함
* **절정**: 취중에도 설렁탕을 사 들고 집으로 들어간
        김 첨지의 불길함
* **결말**: 아내의 죽음을 확인한 김 첨지는 아내의 죽음에
        통곡함

⊙ 주요 저서: 술 권하는 사회/빈처/B사감과 러브레터

감자/김동인

▶ 줄거리

복녀는 이 세상의 모든 비극과 활극의 진원지인, 이 칠성문 밖 빈민굴로 오기 전까지는 그래도 엄격한 선비 집안의 딸이었으나 지금은 그렇지 못한 처지로 십오 세의 나이에 이십 년 연상의 홀아비에게로 팔십 원을 받고 시집을 간다. 처음에는 좀 나은 생활을 했으나 남편은 무기력했기 때문에 결국 죄악의 소굴인 평양 교외로 밀려나와 구걸로써 목숨을 이어 가게 되었다. 그녀는 그곳에서 막벌이를 하면서 평양루 빈민 구제 사업의 하나인 기자묘 솔밭의 송충이 잡이에 나선다. 어느 날 그녀는 몇몇 아낙네들이 감독과 더불어 웃고 놀며 별로 하는 일 없이도 자기보다 품삯을 훨씬 더 많이 받는다는 것을 알게 되었다. 그 후로 복녀도 감독에게 몸을 주었다. 그날로부터 다른 아낙네들처럼 매춘을 하게 되었고 정조 따위는 대수롭지 않게 여겼다. 가을이 닥쳐왔을 때 복녀는 빈민굴 아낙네들을 본받아 이번에는 중국인 밭으로 감자를 훔치기 위에 드나들던 어느 날 밤, 복녀는 감자 한 광주리를 훔쳐서 막 일어나려는 순간 중국인 왕 서방에게 붙잡히고 만다. 복녀는 중국인을 따라가서 몸을 허락하고 얼마간의 돈을 받고 돌아왔다. 그 후로 왕 서방은 복녀의 집을 드

나들게 되었고, 그들 부부는 어느 정도 살만하게 되었다. 그
것은 남편이 자리를 피해 주므로써 복녀가 마음 놓고 몸을
팔 수 있었기 때문이다. 그러나 중국인 왕 서방이 어떤 색시
(처녀)를 백 원에 사온 것이다. 복녀는 타오르는 질투를 참
지 못해 결혼식이 있던 날 왕 서방의 신방으로 찾아갔다. 왕
서방이 떠밀자 복녀는 일어나서 낫으로 휘두르다 그 낫에 찔
려 죽고 말았다. 그날 밤 왕 서방은 복녀의 시체를 두고 남
편과 한의사에게 각각 삼십 원과 이십 원씩의 돈을 주고 뇌
일혈로 사망했다는 허위 진단서를 발급받아 다음날 공동 묘
지로 갔다.

▶ 인물의 성격

복녀: 비극적 주인공(15세의 나이에 20년 연상의
　　　홀아비에게로 80원을 받고 시집을 가나 생계를 위해
　　　왕 서방과 정을 통함)
남편: 가난하며 천성이 게으르고 무기력함(아내의
　　　매춘으로 먹고 사는 부도덕한 인물)
왕 서방: 중국인 지주(호색꾼이며 가진 자의 횡포를 보여
　　　주는 절정의 인물)
감독: 자신의 지위를 이용한 쾌락주의자

▶ 핵심 정리

* **갈래**: 단편 소설, 본격 소설

* **배경**: 시간적→ 1920년대

　　　　　공간적→ 평양 칠성문 밖 빈민굴

* **경향**: 자연주의적(문학에서, 인생의 현실을 이상화하지

　　　　　않고, 있는 그대로 묘사해야 한다는 주의. 프랑스의

　　　　　소설가 에밀 졸라의 '실험 소설론(1880년)'에서 비롯함)

* **주제**: 빈곤한 생활이 몰고 온 도덕적 피폐함

* **시점**: 작가 관찰자 시점(부분적으로 작가의 개입이

　　　　　드러나기도 함)

* **문체**: 간결체

* **출전**: 조선 문단 4호(1925)

▶ 구성

단순 구성

* **발단**: 복녀는 비극의 진원지인 칠성문 밖의 빈민굴로

　　　　　팔십 원에 팔려 시집을 감

* **전개**: 복녀는 남편의 무기력으로 인해 빈민 구제

　　　　　사업의 하나인 송충이 잡이에 갔다가 감독에게

　　　　　몸을 줌

* **위기**: 복녀는 남편을 두고 중국인 왕 서방과 정을 통하던

중 그가 백 원에 사오자 강한 질투를 느낌
* **절정**: 복녀는 왕 서방의 결혼식 날 밤 신방에
  뛰어들었다가 자신이 휘두른 낫에 찔려 죽음
* **결말**: 복녀의 주검을 둘러싼 비정한 돈 거래가 왕 서방과
  복녀 남편 사이에서 이루어지고, 그녀의 시체는
  공동 묘지로 감

⊙ 주요 저서: 배따라기/감자/붉은 산/ 광화사/광염소나타

두 파산/염상섭

▶ 줄거리

　해방 직후, 서울 황토 현에 살던 정례 어머니는 별 수입도 없이 정치판에 뛰어든 남편을 믿을 수 없게 되자, 그녀는 남편을 졸라 초등 학교 앞에 문구점을 차리기로 하고 집문서를 담보로 은행에서 30만 원의 빚을 얻는다. 그런데 돈이 모자라 물건의 구색을 갖추지 못했기 때문에 장사에 어려움을 겪게 된 정례 어머니는 동창인 옥임에게 10만 원의 빚을 얻어 가게를 운영한다. 전직 교장이었던 영감이 정례 어머니에게 변리 이자를 받으러 와 밀린 것 중, 한 달 치만을 받아 가면서 옥임의 빚 20만 원도 갚으라고 한다. 이 20만 원은 동업이라는 조건 하에 썼던 10만 원이 빚으로 둔갑한 것이다. 남편이 마지막 남은 땅을 팔아 자동차 사업을 했는데, 도리어 문방구의 돈을 돌려쓰고 갚지 못하게 되자 교장 영감의 돈 5만 원도 빌려 쓰게 된 것이다. 옥임은 이자로 20만 원을 챙기고도 동업 자금을 빚으로 만든 다음 교장과 손을 잡고 문방구를 빼앗으려 한다. 그녀는 20만 원은 옥임에게 빚졌으니 그녀에게 갚겠다고 말한다. 일주일 후 정례 어머니는 정류장에서 옥임을 만나 창피를 당하게 된다. 동경 유학생으로 신여성임을 부르짖던 옥임은 친일파 도지사 영감의 후실로 들어가 호강을 했지만 반민법이 국회를 통과하자 남편이 중풍으로 눕고 만 것이다. 그래서 그녀는 불투명한 앞날 때문이기도 하지만 고리대금업자로 나선 것은 정례가 호남인 남편과 자식을 두고 행복하게 사는 모습에 열등의식을 느껴 그런지 은연중 화풀이를 한 면도 있을 것이다. 정류장에서 다툼질을 한 다음 날 옥임에게 그 말을 듣고 나타난 교장 영감은 정례 어머니는 물질적 파산자이고 옥임은 정신적 파산자라고 말하며 꾼 돈을 옥임에게 갚으라고 한다. 두 달 후 교장의 빚은 갚았으나 석 달째 되는 날 문방구는 이북에서 내려온 교장의 딸에게 넘어 가게 되고, 그 과정에서 옥임은 값을 더 얹어 이득을 보았다. 정례 어머니는 사람들 앞에서 돈 때문에 옥임과 다툼질을 하고 망신을 당한 후 파산이 나자 몸져누웠다. 그 일이 있은 후로 정례 아버지는 고장이 난 자동차를 빚 대신 옥임에게 떠넘겨 골탕을 먹이겠다고 말을 하며 병석에 누운 아내를 위로한다.

▶ 인물의 성격

정례 어머니(물질적 파산자): 일제로부터 해방이 되자 정치를 해보겠다고 정치판에 뛰어든 남편으로 인해 생활이 막막해지자 은행 빚으로 초등 학교 앞에 문구점을 냄 (친구 옥임과 교장의 속임수로 인해 파산함)

김옥임(정신적 파산자): 문학과 예술을 사랑했던
　　젊은 시절과는 다르게 고리대금업에 재미를 붙임
　　(친구인 정례 어머니까지도 저버림)
정례 아버지: 호남으로 낙천적인 인물(생활력이 없는 인물로
　　해방 후 정치판을 기웃거리고 사업도 하지만 실패로 인해
　　파산함)
김옥임의 남편: 친일파 도지사
교장 영감(속물적인 인간): 돈놀이를 함(정례 어머니로부터
　　옥임의 돈을 받아 줌)

▶ 핵심 정리

* 갈래: 단편 소설, 본격 소설, 세태 소설
* 배경: 시간적→ 해방 직후(1940년대 후반)
　　　　공간적→ 서울 황토 현 부근
* 경향: 객관적 서술, 사실적, 비판적
* 주제: 해방 후 우리 사회의 정신적 가치와 물질적 가치의
　　　　대립과 갈등에서 오는 파탄
* 시점: 전지적 작가 시점
* 문체: 만연체
* 출전: 신천지(1949)

➤ 구성

* **발단:** 해방 후 남편은 정치에 뛰어들고 정례 어머니는
   은행 빚을 얻어 문구점을 엶
* **전개:** 장사가 어려워지자 친구 옥임에게 빚을 얻어 가게를
   운영함
* **위기:** 정례 아버지의 자동차 사업 실패와 이자마저
   못 갚는 정례 어머니
* **절정:** 친구 옥임에게 진 빚으로 망신을 당하는
   정례 어머니
* **결말:** 정례 어머니가 친구 옥임에게 문구점을 빼앗김

◉ 주요 저서: 표본실의 청개구리/만세 전

비 오는 날/손창섭

▶ 줄거리

 6·25 당시, 부산으로 피난 온 대학생 원구는 친구 동욱의 집을 찾아간 후로 비가 오기만 하면 그들 남매에 대한 생각이 마음에 걸린다. 동욱은 여동생 동옥과 1·4 후퇴 때 월남했다. 소학교(초등 학교) 시절부터 친구인 원구 역시도 월남했다. 그는 빌린 리어카로 장사를 해 어렵게 살지만 도리어 친구인 동욱과 동옥의 생계를 걱정한다. 소학교에서 대학까지 줄곧 같이 다닌 동창이므로 그의 여동생 동옥이도 잘 알고 있는 처지이다. 동욱은 대학에서 영문학을 전공했으며 착실한 교인으로 목사 지망생이다. 그러나 6.25 전쟁으로 그들의 운명은 바뀌었다. 월남 이후 동욱은 미군 부대를 전전하며 초상화를 주문받고 여동생 동옥은 그것을 그려서 근근이 생계를 꾸린다. 그들은 외딴 곳의 허름한 집에서 사는데 그것은 돈도 없거니와 동옥이 번잡한 곳을 싫어하기 때문이다. 장마가 진 어느 날 원구가 동욱의 집을 찾아갔으나 동옥은 자조적인 웃음 속에 냉담함 마저 보인다. 지붕에서 새는 빗물이 받쳐 놓은 양동이에 가득 찬 것을 본 원구가 그것을 버리려다 그만 쏟는다. 동옥이 물을 피하려고 일어나는 순간 원구는 그녀가 장애인이라는 것을 알게 된다. 그러면서

도 비가 오는 날이면 그 집을 자주 찾자 동옥은 점점 부드러
워진다. 그러던 어느 날 동옥이 그 동안 모아 둔 돈을 주인
노파에게 빌려 주었는데, 그 주인 노파가 도망을 가 버리자
절망하는 동옥을 보고 원구는 안타까워한다. 세를 들어 살
던 집마저 주인이 몰래 팔아넘기는 바람에 남매는 어디론가
떠난 채 돌아오지 않는다. 원구가 한 달 여 만에 동욱의 집
을 찾았을 때 동욱 남매가 아닌 낯선 사내가 주인이라며 맞
는다. 그가 말하기를 동욱은 외출한 채 소식이 없는 것으로
보아 십중팔구 군대에 끌려갔을 거라 한다. 그리고 여동생
도 어디론가 가버렸다고 말을 하면서 어디 간들 굶어 죽기야
하겠느냐는 주인의 말투로 보아, 원구는 동옥을 사창가에
팔아먹은 것이 아닐까 마음속으로 격분한다.

▶ 인물의 성격
김동욱: 1.4후퇴 때 월남함(미군을 상대로 초상화를 주문받아
　　　　생활하는 무기력한 존재)
김동옥: 동욱의 누이동생(장애인으로 생계를 위해 초상화를
　　　　그리지만 오빠가 집을 나가자 그녀도 집을 나감)
정원구(서술자): 동욱의 친구로 동욱 남매에게 온정을
　　　　베풀어 줌

➤ **핵심 정리**

* 갈래: 단편 소설, 전후 소설

* 배경: 시간적→ 전쟁 직후의 장마철

　　　　공간적→ 피난지 부산 동래 부근의 외딴 마을

* 경향: 실존주의와 휴머니즘

* 주제: 전쟁의 극한 상황이 가져다 준 인간의 무기력한 삶

* 시점: 전지적 작가 시점 * 문체: 간결체

* 출전: 문예(1953)

➤ **구성** (단순 구성)

* 발단: 비가 내리는 날이면 원구에게는 동욱 남매의 음산한
　　　　생활 풍경이 회상됨

* 전개: 원구는 황폐한 동욱의 집을 방문 하여 동욱 남매를
　　　　만남

* 위기: 동옥의 자조적인 웃음(유일한 생계 수단인 초상화
　　　　작업을 못하게 됨)

* 절정: 동옥이 주인 노파에게 돈을 떼이고, 세 들어 살던
　　　　집마저 주인이 몰래 팔아버림

* 결말: 원구가 그 집을 방문했을 때 이미 그들이 떠나고
　　　　없자 자책감에 빠짐

⊙ 주요 저서: 혈서/잉여 인간/낙서족

소설가 구보 씨의 일일/박태원

▶ 줄거리

구보는 동경 유학을 하고 돌아왔지만 아직까지 일자리를 구하지 못하고 글을 쓰는 사람이다. 어머니는 26세의 아들 구보가 좋은 직장과 좋은 아내를 얻어 생활하기를 바란다. 구보는 정오쯤 집을 나와 광교를 향해 걸으면서 어머니와의 대화를 다시 생각해 본다. 걷던 중 자전거와 부딪칠 뻔했고, 앞지르는 어떤 사람과 부딪칠 것 같은 착각도 느낀다. 귀와 시력에 문제가 있다는 것을 생각한다. 오래 전 종로에서 진료를 받았던 병원과 그 앞에 있던 작은 시력측정기 등을 떠올리며 자신의 몸이 결코 정상이 아니라는 것에 불안을 느낀다. 구보는 동대문행 전차를 탄다. 전차 안에서 전에 맞선을 보았던 한 여자를 발견한다. 아는 체를 할까 말까 갈등을 하는 사이 그녀가 전차에서 내린다. 그는 곧 후회한다. 그리고 일찍이 짝사랑했던 벗의 누나를 떠올려 본다. 조선은행 앞에서 내린 구보는 잠시 벗을 만나기도 한다. 그리고 다시 걷다가 또 옛 벗을 만난다. 고독을 피하기 위해 경성역으로 갔다. 오히려 그는 온정을 찾을 수 없는 대중들의 냉정한 눈길을 보고 더 큰 고독을 느낀다. 우연히 개찰구 앞에서 전당포 집 둘째 아들인 중학교 동창을 만난다. 열등생이었던 벗에게도 애인이 있음을 확인한 구보는 불쾌감과 물질에 약한 여자의 허영심을 생각하다, 행복이란 지극히 주관적인 것임을 느낀다. 거리를 거닐던 구보는 시인이며 사회부 기자인 벗에게 다방으로 나오라고 전화를 한다. 그를 만나자 돈 때문에 매일 살인 강도와 방화범의 기사를 써야 한다는 벗의 말에 구보는 서글픔을 느낀다. 벗과 헤어져 종로 네거리에 서 있는 구보는 그곳의 황혼과 또 황혼을 타고 거리로 나온 여급의 무리들을 본다. 벗과 술을 마시며 세상 사람들을 모두 정신 병자로 간주하고 싶은 충동을 느끼기도 하고, 하얀 소복을 입은 아낙이 카페 창 옆에 붙은 '여급 대모집'에 대하여 물어 오던 일을 생각하고, 가난에서 오는 불행에 대하여 생각한다. 그리고 종로 경찰서 앞을 지나 하얗고 납작한 조그만 주인 없는 다료(찻집)에 들른다. 동경 유학 시절을 생각하던 구보는 벗이 돌아오자 함께 대창옥으로 향하면서 동경 어느 카페에서 만난 중학 시절 벗의 약혼녀인 그녀와의 로맨스를 생각한다. 그리고 자신의 용기 없는 행동이 여자를 불행하게 만들었다는 죄책감을 느낀다. 새벽 두 시 구보는 종로 네거리에서 문득 어머니의 행복을 생각한다. 구보의 벗은 그에게 좋은 소설을 쓰라고 하며 헤어진다. 구보는 수첩을 주머니에서 꺼내 크게 표시한 X표를 찾고는 그저 쓴웃음을 짓는다. 은근히 거리로 비가 내린다. 구보는 좀 더 빠른

걸음으로 집을 향해 간다. 어머니가 이제 결혼 얘기를 꺼내
더라도 어머니가 원하는 대로 결혼 생활과 함께 글을 쓰겠다
는 다짐을 한다.

▶ 인물의 성격

구보: 세태 관찰의 주체(26세의 미혼, 무직의 소설가, 지적
　　　우월감을 가진 속물)
어머니: 무능력한 아들을 걱정하는 한편으로 아들의
　　　정상적인 생활을 갈망함
벗: 시인이며 사회부 기자로 구보의 생각에 동조하는
　　　인물임

▶ 핵심 정리

* 갈래: 중편 소설, 세태 소설, 심리 소설
* 배경: 시간적→ 1930년대 어느 하루
　　　공간적→ 서울 거리
* 주제: 무기력한 문학인의 눈에 비친 이상과 현실에
　　　대한 갈등
* 시점: 전지적 작가 시점
* 출전: 조선중앙일보(1934)
⊙ 주요 저서: 딱한 사람들/천변풍경

치숙/채만식

➡ 줄거리

일본에 가서 공부를 한답시고 아저씨는 서울로 동경으로 십여 년이나 돌아다녔다. 내가 보기에는 33세의 나이에도 도무지 철이 들지 않아서 딱하기만 할 뿐이다. 착한 아주머니를 친정으로 쫓아 보낸다. 또한 대학이랍시고 다니다가 배운 여자와 살림을 차리고는 무슨 사회주의 운동이랍시고 하다가 징역을 살고 풀려나기는 했으나 이미 폐병 환자가 되어 굴속 같은 단칸 셋방에 누워 밤낮 눈만 따악 감고 있다. 아주머니는 소박맞은 뒤로 온갖 잡일을 하지만 병이 들어 쓸모가 없게 된 아저씨를 그래도 남편이랍시고 데려와 정성을 다한다. 병이 호전되자 정작 아저씨는 사회주의 운동을 하겠다고 말을 한다. 이런 꼴을 보고 있노라면 차라리 공부를 많이 하지 않은 내가 다행스럽다. '나'는 아저씨에게 좋은 청춘 어영부영 보내지 말고 이제라도 정신을 차려서 아주머니에게 잘해 줄 것을 권한다. 그러나 어찌된 일인지 남의 재산 빼앗아 나눠 먹자는 불한당질을 또 하려 하니 분명 헛공부한 게 틀림없다.

내가 일곱 살에 부모를 잃고 소박맞아 친정살이하던 아주머니 손에 자란지라 그 은공을 잊지 않고 내 나름대로 갚으려한다. 간혹 아주머니가 찾아와서 양식이 없다고 사정을 하면 좀 성가시기는 해도 옛날 아주머니의 은공을 생각해 아저씨에게 정신 좀 차리라고 당부를 해도 막무가내다. '나'는 일본인 주인이 소개해 준 일본 여자와 결혼을 해 잘 살겠다고 하는데 아저씨는 도리어 딱하다고 한다. 그러니 어디를 보나 내가 보기에도 아저씨는 도통 세상 물정도 모르는 참 한심한 사람이 아닐 수 없다. 세상에서 빨리 사라져야 할 사람은 아저씨와 같은 사람이다.

▶ 인물의 성격

'나' (서술자): 일제에 의한 식민지 상황을 전적으로
　　　　긍정하고 기꺼이 일제에 동화되어 가겠다는 인물
　　　　(보통 학교 4학년을 마치고 일본인 밑에서 사환으로
　　　　있는 소년)

아저씨: 대학을 나온 뒤 사회주의 운동을 하다가
　　　　감옥살이를 한 당대 지식인(병이 들어서 폐인이 됨)

▶ 핵심 정리

* 갈래: 단편 소설, 풍자 소설
* 배경: 시간적→ 일제 강점기
　　　　공간적→ 군산과 서울

* **경향:** 사실주의적
* **주제:** 일제 강점기 지식인이 정상적으로 살 수 없는
　　　　사회적 모순과 노예적 삶의 갈등
* **시점:** 1인칭 관찰자 시점(전지적 작가 시점의 효과를 냄)
* **문체:** 반어적인 대화체, 경어체
* **출전:** 동아일보(1938)

➤ 구성

상황적 아이러니라는 구조를 통해 풍자를 핵심으로 함
* **발단:** 사회주의 운동을 하다가 옥살이를 하고 폐병에
　　　　걸려서 앓고 있는 아저씨에 대한 이야기
* **전개:** 아주머니의 고생담과 '나'의 성장 과정
* **위기:** '나'는 철저히 일본인으로 동화되어 살아가겠다고
　　　　다짐함
* **절정:** '나'는 아저씨에게 정신을 차리고 말을 함
* **결말:** 아저씨에 대한 '나'의 실망

⊙ 주요 저서: 레디메이드 인생 / 탁류 / 미스터 방

고향/현진건

▶ 줄거리

'나'는 서울로 올라가는 기차 안에서 옷차림도 기이한 '그'와 마주 앉게 된다. 이 좌석에는 공교롭게도 서로 다른 국적의 사람들이 앉아 있었는데, 내 옆에는 중국 사람이 '그'의 옆에는 일본 사람이 앉아 있다. '나'와 합석하고 있는 '그'가 일본 사람과 중국 사람에게 주적주적 대는 꼴을 보아 하니 무지하고 불결해 '나'는 '그'를 애써 외면하려 했다. 그러나 아무래도 '그' 사내의 주절대는 이야기에 점점 연민의 정을 느끼게 된다. 함께 술까지 마시게 되고 '그'의 눈물을 통해 조선의 얼굴을 발견한다. '그'는 일제에 농토를 빼앗긴 후 정처 없이 유랑하는 실향민으로 '나'는 '그'에게서 자신의 과거 이야기를 듣는다.

'그'는 대구 인근에서 역의 땅을 부쳐 먹고 사는 농민인데 동양척식주식회사에 의해 땅을 환수당해 그나마 농사일도 못하게 되자 결국 서간도로 떠났고, 거기서 아버지는 병을 얻어 죽고 이어서 어머니는 영양 부족과 심한 노동에 시달리다 죽었다고 말한다. '그'는 신의주, 안동, 일본을 거치면서 생활은 좀 나아지기는 했다고 한다. 그러나 고향이 그리워 오래간만에 고향을 찾았건만 이십 원에 창녀촌으로 팔려갔다가 돌아온 연인과 폐허로 변한 현실을 보고 별도리 없이 일자리를 찾아 서울로 올라가는 중이란다. '나'는 기차를 탈 때 친구들이 사준 정종을 '그'와 연거푸 마시고는 술에 취해 일제의 수탈이 가져다 주는 분노와 현실에 대한 허탈감으로 어릴 적 멋모르고 부르던 노래를 함께 부른다. 서로 다른 '나'와 '그'가 동족으로서 동질감을 느낄 때 둘은 민족 의식에 의한 유대감이 흐른다.

▶ 인물의 성격

그(주인공): 적극적인 저항 의식이 결여되어 있다고는 하나
　　　　　　일제 강점기 우리 농민들을 상징하는 인물

처녀(궐녀): 주인공과 혼인 이야기가 있던 여성으로 농촌의
　　　　　　황폐화로 20원에 창녀촌(유곽)으로 팔려감

'나' : '그'의 이야기를 전달하는 인물('그'의 한탄을 통해
　　　　조선의 현실을 재인식함)

▶ 핵심 정리

* 갈래: 단편 소설, 본격 소설, 액자 소설
* 배경: 시간적→ 일제 강점기인 1920년대
　　　　공간적→ 농촌(서울행 기차 안)
* 경향: 사실주의

* **주제**: 일제 강점기의 가혹한 식민지 수탈과 그로 인한
　　　　우리 민족의 참담한 삶
* **시점**: 1인칭과 3인칭 관찰자 시점 혼용
* **문체**: 객관적이고 사실적인 문체
* **출전**: 조선일보에 '그의 얼굴' 이란 제목으로 발표(1926),
　　　　그 후 단편집 '조선의 얼굴' (글벗집)에서 제목이
　　　　'고향' 으로 바꾸어 출간됨

▶ 구성

액자 구성: 외부(1인칭 나의 이야기)

내부(3인칭 그의 이야기)

* **발단**: 서울로 향하는 기차 안에서 보게 된 '그' 의 기이한
　　　　차림새와 중국인, 일본인의 모습
* **전개**: '나' 와 '그' 의 대화('그' 의 사람됨과 대강의 사정)
* **위기**: 농토를 잃고 고향을 떠나 파란만장한 '그' 의 과거
　　　　이야기
* **절정**: 옛 연인과의 불행한 해후 이야기
* **결말**: 술이 취한 상태에서 '나' 와 '그' 가 노래를 부름

⊙ 주요 저서: 빈처/술 권하는 사회/운수 좋은 날/
　　　　　B사감과 러브레터/무영탑

무녀도/김동리

▶ 줄거리

'나'의 집안은 대대로 서화와 골동품에 관심이 있다. 나그네들의 발길이 끊이질 않는 우리 집에 어떤 사내가 귀머거리 딸과 함께 '나'의 할아버지를 찾아왔다. 그때 사내가 남기고 간 그림이 바로 '무녀도'인데 그 그림과 함께 나는 할아버지의 이야기를 들었다. 경주에서 십여 리 떨어진 집성촌 마을에는 모화라는 무녀가 굿을 하며 산다. 그녀의 식구는 넷이 었는데 남편은 얼마 떨어지지 않은 해변에서 해물 장수를 하고 있고, 아들 욱이는 무당의 사생아로 몇 해 전에 마을을 떠났기 때문에 그녀의 집에는 그녀와 귀머거리 딸인 낭이만 산다. 낭이는 그림에 소질이 있으므로 아버지는 그녀를 끔찍이도 사랑한다. 그녀는 언제나 방에 들어앉아 그림만 그린다. 모화도 낭이의 태동을 보고 용신(龍神) 딸의 화신이라 여겨 낭이를 소중히 여긴다.

그러던 어느 날인가 10년 만에 소식도 없었던 욱이가 돌아왔다. 모화는 감격하여 눈물을 흘리나 그것도 잠시 욱이가 예수교를 믿는다는 말에 깜짝 놀랐다. 그때부터 그녀는 욱이에게 귀신이 씌었다고 아들을 위해 주문을 외운다. 욱이는 욱이대로 어머니에게 마귀가 붙었다고 걱정을 하며 낭이가 귀머거리가 된 것도 그 탓으로 돌렸다. 그는 하나님께 어머니와 누이를 구해 달라고 기도하며 잘 때에도 항상 성경을 가슴에 품고 잔다. 어느 날 밤 욱이는 잠결에 허전함을 느낀다. 깨어나 보니 부엌에서 어머니가 주문을 외우며 성경을 불태운다. 욱이는 그 모습에 심한 고통을 느낀다. 그는 급히 뛰어 나가 성경을 빼앗으려 하지만 어머니가 휘두른 칼에 찔린다. 그녀는 그로부터 두문불출하고 아들을 간호한다. 그 사이 이 마을에도 교회가 들어오고 예수교가 퍼진다. 이듬해 욱이가 아버지처럼 따르던 목사가 찾아와 성경을 주지만 결국 욱이는 성경을 받아 쥔 채 숨을 거둔다. 모화는 예수 귀신이 욱이를 잡아갔다며 매일 귀신 쫓는 주문을 외운다. 이런 상황에서 그녀는 익사한 부잣집 며느리의 혼백을 달래는 굿을 맡는다. 그날따라 그녀는 신명나게 굿을 하며 강물 속으로 여인의 혼백을 건지러 들어간다. 그리고 마지막 구슬픈 노래를 부른 후 봄에 꽃이 피면 낭이더러 찾아오라 한다. 모화가 죽은 지 열흘이 지났을까 어떤 사내가 나귀를 몰고 모화의 집을 찾았다. 그 사내는 낭이의 아버지이다. 그는 낭이를 나귀에 태우고 마을을 떠난다. 그들은 귀한 집을 찾아다니며 딸은 무녀 그림을 그려 주고, 아버지는 딸에 대한 이야기를 들려주며 유랑을 했다 한다.

▶ 인물의 성격

모화: 무녀(기독교를 반대하는 무속인)

욱이: 모화의 아들(아버지가 누구인지도 모르는 사생아로
　　　기독교 신자. 어머니와 종교적 갈등을 겪다 어머니의
　　　칼에 맞음)

낭이: 모화의 딸로 귀머거리지만 그림을 잘 그림

▶ 핵심 정리

* 갈래: 단편 소설, 순수 소설, 액자 소설

* 배경: 시간적→ 개화기
　　　　공간적→ 경주 부근(음산한 모화의 집과 강가의
　　　　모래사장)

* 경향: 신앙적, 신비적

* 주제: 무속 사상과 기독교 사상의 갈등이 빚은 혈육간의
　　　　비극적 종말

* 시점: 도입부/1인칭 관찰자 시점, 내부/전지적 작가 시점

* 출전: '무녀도'는 원래 중앙에 발표(1936), 1947년 단편집
'무녀도', 1967년「김동리 대표작 선집」에서 개작, 1978년 장
편 '을화'로 완전 개작. 원작 '무녀도'에서 욱이는 살인범이며
기독교도가 아님

➤ 구성

도입 액자: 무녀도의 내력 소개, 종결 액자: 아버지가 낭이
를 데려감

* **발단:** 무당 모화가 딸 낭이와 함께 살고 있는 어느 날
　　　　그녀가 무당이 되기 전에 낳은 사생아 아들
　　　　욱이가 돌아옴
* **전개:** 무당인 모화와 예수교를 믿는 신자 욱이의 갈등
* **위기:** 욱이가 불타는 성경을 잡으려다 모화의 휘두르는
　　　　칼에 찔림
* **절정:** 모화의 극진한 간호에도 욱이의 건강이 악화되어
　　　　욱이는 결국 죽음에 이르고 마을에는 교회당이
　　　　들어섬
* **결말:** 모화는 익사한 부잣집 며느리의 혼백을 위로하기
　　　　위한 굿을 마지막으로 물에 빠져 죽음

⊙ 주요 저서: 무녀도/역마/황토기/등신불

무진 기행/김승옥

▶ 줄거리

아내의 권유로 '나'는 고향 무진으로 떠난다. 젊고 부유한 미망인과 결혼을 했고, 얼마 후 장인의 제약 회사에 전무가 될 서른세 살의 '나'는 어머니의 묘가 있고, 젊은 날의 추억이 있는 무진으로 간다. 짙은 안개, 그것은 무진의 명물이었다. 서울에서 실패했을 때, 혹은 새 출발이 필요할 때면 고향 무진을 찾는다. 그러나 늘 어두운 골방 속에서의 화투와 불면과 자위행위, 그리고 초조함이 있었을 뿐이다. 무진에 온 날, 중학교 교사로 있는 후배 '박'을 만난다. 그와 함께 지금은 그곳 세무서장이 된 중학 동창 '조'를 만나 하인숙이라는 음악 선생을 소개받는다. 대학 졸업 음악회 때 '나비부인'의 아리아 '어떤 개인 날'을 불렀다는 그녀는 가곡 대신 유행가를 부른다. 하인숙을 사랑하는 박 선생은 그녀의 천한 모습을 참지 못하고 자리를 뜬다. '조'의 집에서 나올 때는 그녀와 '나' 둘만이 남게 된다. 나오는 길에 '나'는 박 선생이 하 선생을 좋아하고 하 선생이 '조'를 좋아한다는 사실을 직감한다. 하인숙은 무진에 있는 자신을 서울로 데려가 줄 것을 '나'에게 간청한다. '나'는 그녀에게서 과거를 발견하고 다음날 다시 만나기로 약속한다. 이튿날, '나'는 어머니의 산소에 다녀오는 길로 방죽에서 자살한 술집 여자를 본다. '나'는 여자의 죽음을 앞에 두고 젊었을 때의 '나'를 떠올린다. 오후가 되어 세무서장 '조'를 찾아가자 그는 '나'를 맞이한다. '조'는 하인숙을 대수롭지 않게 생각한다. 세무서에서 나와 하인숙과 약속한 방죽으로 나간다. '나'는 과거에 폐병으로 요양했던 집을 찾아가 하인숙과 관계를 갖고 그녀에게 사랑을 느끼지만 끝내 말하지 않는다. 다음날 아침 아내로부터 전보가 온다. 과거에 취해 있던 '나'는 하인숙에게 행복할 수 있을 것이라는 편지를 썼지만 찢어버리고 서울로 향한다.

▶ 인물의 성격

'나'(윤희중): 젊고 부유한 미망인과 결혼을 한 후 서른세
    살의 나이에 제약 회사 전무가 됨
하인숙: 무진 중학교 음악 선생('나'를 만난 후 허무를
    벗어나기 위해 무진을 떠나고 싶어하지만 그 삶을 수용하며
    머무는 여인)
조: '나'의 시골 학교 동창이며 그곳 세무서장
박: '나'의 중학 후배로 무진 중학교 선생(하인숙을 짝사랑함)

➤ 핵심 정리

* 갈래: 단편 소설
* 배경: 시간적→ 1960년대(현재의 시간에서 출발하여
　　　　과거를 회상하고 다시 현실로 돌아오는 일시적 시간)
　　　　공간적→ 서울과 무진(현실적 타락의 공간인 서울과
　　　　어린 시절의 허무를 물씬 풍기는 무진)
* 주제: 안개로 상징되는 허무로부터 벗어나 일상의
　　　　공간으로 돌아오는 한 젊은이의 귀향 체험
* 시점: 1인칭 주인공 시점 * 문체: 강건체
* 출전: 사상계(1964)

➤ 구성

* 발단: '나'는 서울을 떠나 고향인 무진으로 내려감
* 전개: 후배와 동창 그리고 하인숙을 만남
* 위기: 하인숙의 허무주의적인 태도에 공감함
* 절정: '나'(윤희중)는 옛날에 살았던 방에서 하인숙과
　　　　관계를 맺으나 사랑한다고 말하지 않음
* 결말: 아내의 전보를 받고 '나'는 몽환에서 벗어나
　　　　현실로 복귀함
⊙ 주요 저서: 건/누이를 이해하기 위하여/서울, 1964년 겨울

불신시대/박경리

▶ 줄거리

주인공 진영은 9.28 수복 전야 적의 공습에 의해 남편을 잃은 후로 악몽과 같은 전쟁이 끝나자 폐허의 땅 서울로 돌아온다. 그러나 외아들 문수마저 엉터리 의사에게 수술을 받다가 마취도 안 한 도살장 속의 망아지처럼 죽고 만다. 아들 문수의 죽음이 가져온 충격은 그녀로 하여금 사회를 불신하게 만든다. 그런 상태에서 홀어머니와 함께 사는 진영은 폐결핵에 걸려 병원을 찾아가지만 한결같이 엉터리이다. 아들을 진료한 의사, 자신이 드나드는 병원의 비리, 집에 찾아온 신중(여승)은 시주로 받아 온 쌀을 팔려고 했고, 문수의 명복을 빌기 위해 찾은 절은 돈이 많고 적음에 따라 대접을 달리하는 타락한 곳이었다. 독실한 천주교 신자인 갈월동 아주머니에게 돈을 떼이게 되는 사건, 그러한 아주머니를 상대로 사기 행각을 벌인 대학생 상배, 등등 긴 작대기에다 성금 주머니를 매달은 잠자리채 같은 것에 지친다. 진영은 일자리를 찾아야 한다는 생각에 문득 살겠다고 버둥대는 어머니와 자기 자신에 대해 한없이 비루함을 느낀다. 해가 서산으로 아주 기울었다. 진영은 약국에서 스트렙토마이신 한 개를 사 들었다. 그것은 병원을 믿을 수 없기 때문이다. Y병원은 주사약의 분량을 속이고, S병원은 건달이 의사 노릇을 하고, H병원은 빈 약병을 내다 팔고, 거리에는 가짜 주사약이 난무한다. 결국, 진영은 자신의 존재 가치를 확인하는 마지막 결심으로 절에 맡겨 두었던 아들 문수의 위패와 사진을 찾아서 태운다. 그것은 금전으로 불심의 깊이를 측량하는 절이 문수의 영혼을 편안하게 할 수 없다는 생각에서 그런 것이다. 아들의 위패와 사진을 태워 자신을 억압하는 불신 시대의 모든 조건을 태워 버리려는 심산이다. 진영은 마음 속으로 이 시대를 불신 시대라 규정짓고, 이 사회에 저항하자는 다짐을 하며 산을 내려온다.

➤ 인물의 성격

진영(주인공): 한국 전쟁 중 남편을 잃고 아들마저 의사의 무성의로 죽게 됨(비극의 여인)

의사: 엉터리 의사(무관심하고 무책임한 진료로 진영의 외아들 문수를 죽게 함)

상배: 천주교 신자(아버지로 하여금 갈월동 아주머니의 돈을 빌리게 하고 아버지가 죽자 돈을 떼어먹음)

갈월동 아주머니: 천주교 신자(진영에게 돈을 빌려 돈놀이를 하다 돈을 떼이고 궁지에 몰림)

신중(여승): 시주로 받아 온 쌀을 팔려고 함

중: 배금주의적 인간(외아들 문수의 추도식 날에 돈이
    적다고 노골적으로 불만을 터뜨림)

▶ **핵심 정리**

* 갈래: 단편 소설
* 배경: 시간적→ 1950년 9.28 수복 직후
          공간적→ 혼란한 서울
* 경향: 사회 고발적
* 주제: 혼란기 불신의 시대를 고발
* 시점: 전지적 작가 시점 * **출전**: 현대문학(1957)

▶ **구성**

* 발단: 주인공 진영은 6.25 때 남편을 잃고 아들 문수마저
          의사의 무성의한 치료로 인해 죽게 됨
* 전개: 의사의 부도덕한 행위와 종교인에 대한 불신
* 위기: 종교인의 배금주의에 진영의 사회적 불신 증폭
* 절정: 진영은 절에 맡겼던 아들의 사진과 위패를
          불에 태움
* 결말: 진영은 산을 내려오면서 아직 자신에게 불신 시대에
          항거할 수 있음을 자각
⊙ 주요 저서: 토지/김약국의 딸/시장과 전장/파시

사랑손님과 어머니/주요섭

▶ 줄거리

  우리 집은 과부인 어머니와 '나', 중학교에 다니는 외삼촌이 있다. 어느 날 큰외삼촌의 소개로 사랑채에 교사인 아버지의 친구가 하숙을 하게 된다. '나'(옥희)는 놀러갈 수 있어좋다. 아저씨가 달걀을 좋아하는 것을 알고 어머니께 말씀을 드리자, 어머니는 아저씨 밥상에 삶은 달걀을 놓아 드린다. '나'도 매일 좋아하는 달걀을 먹게 된다. '나'는 아저씨방에 자주 놀러 갔는데 아저씨는 엄마에 관한 이야기를 자주하셨다. 아저씨께 놀러갈 때면 어머니는 머리도 다듬어 주고 새 저고리도 내주셨다. 어느 토요일 오후, 아저씨와 뒷동산에 올라가 놀다오면서 '아저씨가 우리 아빠라면 좋겠다'고 말하자 아저씨는 얼굴이 붉어지면서 '나'를 나무랐다. '나'는 집으로 뛰어들어가서 울기만 했다. 다음 날 어머니와같이 예배당을 갔는데 남자석에 아저씨가 계셔서 손을 흔들었다. 어머니는 얼굴이 붉어졌다. 어느 하루는 내가 벽장 속에 숨었는데 집안에서는 '나'를 찾느라고 야단이다. 어제 어머니한테 잘못한 것을 사과하려고 유치원에서 몰래 꽃을 가져왔다. 그리고 아저씨가 준 거라며 어머니께 드리자 어머니의 얼굴이 빨갛게 달아오르며 아무에게도 말하지 말라 한다. 어머니는 지금까지 한 번도 가까이 하지 않았던 풍금을 오늘따라 연주하면서 줄줄 눈물을 흘린다. 그리고 '너 하나면 된다'고 말한다. 어느 날, 어머니가 아저씨에게 손수건을 갖다 드리라고 한다. 그 속에 무슨 종이 같은 것이 들었는데, 아저씨는 그걸 받고 얼굴이 파래진다. 어머니는 구슬픈 곡조의 풍금을 연주한다. 여러 날 뒤 아저씨는 짐을 챙겨 떠난다. 오후에 산으로 올라가 아저씨가 탄 기차가 사라질 때까지 어머니는 하염없이 바라본다. 산에서 내려온 후 찬송가 책갈피에 끼워 놓은 꽃송이를 버리라고 '나'에게 준다.

▶ 인물의 성격

'나'(옥희): 이 소설의 서술자(6세)(단순한 관찰자의 입장이
    아니라 사건 진행에 직접적 참여하면서 들려줌)

어머니(24세): 남편과 사별한 젊은 과부로 시대의
    과도기적인 여인(전형적 한국 여인)

아저씨: 아버지의 옛 친구이자 교사(어머니에게 연정을
    품지만 얼마 후 하숙을 그만두고 떠남)

외삼촌: 중학교에 다님

▶ 핵심 정리

* 갈래: 단편 소설, 본격 소설, 순수 소설

* 배경: 시간적→ 1930년대

    공간적→ 어느 시골 마을(예배당, 유치원, 학교가 있음)
* 경향: 서정적, 사실적
* 주제: 순종과 억압이라는 인습에 매인 사랑의 감정과 갈등
* 시점: 1인칭 관찰자 시점
* 문체: 경어체, 구어체
* 출전: 조광(1935)

➤ **구성**

순행적 구성(평면적 구성)
* 발단: 어머니와 내가 살고 있는 집에 아저씨가 하숙을

    하게 됨
* 전개: '나'는 아저씨와 친해짐
* 위기: 아저씨가 어머니에게 관심을 가짐
* 절정: 내가 꽃을 아저씨가 준 것처럼 꾸며 어머니에게

    전해 주자 어머니의 마음이 흔들림
* 결말: 아저씨는 떠나고 어머니는 마른 꽃을 '나'에게 주며

    갖다 버리라고 함

⊙ 주요 저서: 깨어진 항아리/ 인력거꾼/ 아네모네의 마담/

    대학 교수와 모리배

어둠의 혼/김원일

➡ 줄거리

 광복이 된 후로 소년의 아버지는 좌익이 된 지식인이다. 좌우익이 극렬하게 대립되는 상황에서 아버지는 경찰에 쫓기는 신세가 된다. 아버지가 가족을 돌보지 않자 어머니가 생계를 책임지지만 굶주림이 더 심각하다. 어머니는 보리쌀을 얻으러 이모 집에 갔을 것이다. 아버지가 죽으면 그 많은 빚은 어떻게 갚을까 걱정이 된다. 몇 해 전 해방이 되던 날 아버지는 만세를 불렀고, 재작년부터 아버지는 숨어 다닌다. 난 무엇을 하는지 몰랐다. 밤이 깊어도 어머니는 오지 않는다. 좀 모자란 누나는 배가 고프다며 울었는데 동생 분선이는 의젓하게 누나를 달랜다. 모든 것들이 싫어진 '나'는 밖으로 나와 어머니를 데려오겠다며 걷는다. '나'는 겨우내 새끼만 꼬는 판돌이네를 기웃거려 본다. 판돌이 어머니 함안댁은 떡을 만들어 판다. 여기엔 어머니가 있을 것 같지 않았다. 그것은 어머니가 함안댁으로부터 꾼 곡식을 갚지 않아 싸웠기 때문이다. 아버지는 해방 전 야학당을 차렸는데 이때 아버지는 판돌이의 머리가 좋다고 한 적이 있다. 아버지는 대동아 전쟁으로 야학당을 닫고 무슨 일인지는 모르지만 여기저기 바삐 돌아다니며 두툼한 책을 읽곤 했다. 담배 가게 앞을 지나다 찬길이 형을 만난다. 술에 취한 그가 하는 말을 듣고 순간 나는 아버지에게 무슨 일이 일어났음을 눈치 채고 불안을 느낀다. 이모네 술집으로 들어서니 어머니가 울면서 나에게 역정을 냈으나 이모는 '나'에게 밥을 실컷 먹인 후, 이모부가 지서에 갔으니 이모부한테 아버지 소식을 알아 오라 한다. '나'는 지서에 가서 아버지가 죽었다는 순사의 말을 듣는다. 이모부 역시 아버지가 죽었다고 침착하게 말한다. 그리고 뒷마당으로 가서 아버지의 시체를 '나'에게 보여 준다. '나'는 아버지가 너무 많은 수수께끼를 남기고 죽어 버린 것에 대한 두려움에 낙동강변을 울면서 마구 달린다. 강물처럼 쉬지 않고 자라야 한다던 아버지의 말이 떠오른다. 모든 것이 안개 속 같은 신기한 세상, '나'는 집안의 기둥으로써 알아야 할 수수께끼가 너무 많은 이 세상을 힘차게 버티어 나가야 한다는 생각이 든다.

➤ 인물의 성격

갑해(서술자): 좌익 운동을 하던 아버지의 죽음을 통해
　　　　　　삶의 자세를 배우는 소년
아버지: 고학으로 일본 유학을 한 뒤 광복 후 좌익 활동을 함
어머니: 남편 때문에 수시로 경찰서에 끌려가 고초를 겪음
이모: 어머니의 언니로 술장사를 함

이모부: 갑해에게 아버지의 죽음을 확인시켜 줌

그 밖의 인물: 좀 모자란 분임(누나), 분선(동생)

➤ 핵심 정리

* 갈래: 단편 소설, 분단 소설, 성장 소설, 전후 소설
* 배경: 시간적→ 1949년 해방 직후

　　　　공간적→ 어느 시골
* 경향: 회상적
* 주제: 이데올로기의 허구성 고발과 비참한 삶의 극복 의지
* 시점: 1인칭 주인공 시점
* 문체: 현재형의 호흡이 급한 문체
* 출전: 월간 문학(1973)

➤ 구성

* 발단: 장터에서 아버지가 경찰에 붙잡혔다는 소식을 들음
* 전개: 좌익 운동을 하던 아버지에 대한 회상과 아버지

　　　　대신 잡혀간 어머니를 찾아다님
* 위기: 이모네 술집에서 울고 있는 어머니를 만나게 됨
* 절정: 이모부는 '나'에게 아버지의 시체를 보여줌
* 결말: 아버지의 죽음을 통해 삶의 의지를 다짐
* ⊙ 주요 저서: 노을/연/미망/마당 깊은 집

120

오발탄/이범선

➡ 줄거리

　월남해 오기 전 꽤 잘 살았던 철호는 지금 계리사(공인 회계사) 사무실 서기로 한 가정의 가장이다. 그는 전쟁 통에 정신 이상이 된 어머니를 모시고 사는 음대 출신의 만삭 아내와 어린 딸, 군대에서 나온 지 2년이 넘도록 직업이 없는 동생 영호, 양공주가 된 여동생 명숙과 함께 산다. 그가 퇴근하여 산비탈 해방촌 다 쓰러져 가는 판잣집에 들어서면 어머니의 '가자! 가자!' 하는 소리가 들린다. 철호는 38선 때문에 고향으로 돌아갈 수 없다고 수없이 말을 하지만 어머니는 이를 알아듣지도 못하고 아들만 야속하게 생각한다. 집에 들어온 동생 영호에게 철호가 성실치 못함을 나무라자 자기 방식대로 살겠다고 한다. 철호는 아내의 아름다웠던 대학 시절의 모습을 연상하다가 이제 어떤 희망도 가지려 들지 않는 아내를 흘끗 쳐다본다. 영호는 대상 없는 분노를 터뜨리면서 눈물을 흘린다. 골목 밖에서 명숙의 발자국 소리가 들려온다. 그녀는 소리 없이 아랫방으로 가더니 가로눕는다. 고향으로 돌아가자는 어머니의 외침은 밤중에도 계속된다. 다음날 경찰로부터 영호가 강도 혐의로 붙잡혔다는 이야기를 듣는다. 경찰서에 들렀다가 집으로 오는 도중에 만삭의 아내가 위독하다는 말을 듣고 동생 명숙에게서 돈을 얻어 병원으로 간다. 그런데 아내는 이미 죽었다. 넋을 잃은 채 병원을 나온 철호는 거리를 헤매다 갑자기 충치로 통증을 느끼자 치과에 들러서 충치를 모두 뽑는다. 택시를 잡아탄 철호는 해방촌으로 가자고 했다가 S병원으로 행선지를 바꾸고 다시 X경찰서로 목적지를 바꾸면서 극도의 혼란 상태에 빠진다. 철호가 탄 택시는 목적지도 없이 차량 행렬에 끼여들고, 의식이 희미해진 철호의 입가로는 선지 같은 피가 와이셔츠를 적신다.

▶ 인물의 성격

철호: 계리사(공인 회계사) 사무실 서기로 성실하게 살아가려 함
(전후의 현실에 적응하지 못하는 인간형)

명호: 철호의 동생으로 한탕주의자
(당시 젊은이들의 뿌리 깊은 좌절과 분노를 상징함)

명숙: 철호의 여동생으로 자신을 희생하는 양공주
(전후 사회의 현실적 비극과 가치관의 붕괴를 보여 줌)

어머니: 실향민으로 전쟁 통에 정신 이상이 됨
(분단의 비극적 현실을 극명하게 보여줌)

아내: 명문 음대 출신으로 가난에 시달리다 결국 출산하는
과정에서 죽음(전후에 가난한 삶의 피폐함을 보여줌)

➤ 핵심 정리

* 갈래: 단편 소설, 전후 소설
* 배경: 시간적→ 6.25 전쟁 직후
　　　　공간적→ 실향민들이 모여 사는 해방촌
* 경향: 서정적
* 주제: 전후에 정신적 지표를 잃은 불행한 한 인간의 비극과
　　　　부조리한 사회 구조 속에서 패배하는 양심적 인간의
　　　　비애
* 시점: 작가 관찰자 시점
* 문체: 간결체
* 출전: 현대문학(1959)

➤ 구성

* 발단: 계리사(공인 회계사) 철호의 무기력한 일상 생활과
　　　　해방촌의 피폐한 공간
* 전개: 철호 집안의 무기력하면서도 비참한 삶의 모습
* 위기: 영호의 권총 강도 행각과 아내의 죽음
* 절정: 가족의 비극적인 삶에 대한 방황
* 결말: 공황 상태에 빠진 철호가 택시 안에서 선지 같은
　　　　피를 흘림
⊙ 주요 저서: 학마을 사람들/피해자/동트는 하늘 밑에서

유예/오상원

▶ 줄거리

'그'는 수색대 소대장으로서 부하를 이끌고 북으로 진격한다. 수차 전투를 하면서 적의 배후 깊숙이 들어간 '그'의 부대는 본대와의 연락이 끊겨 퇴각 또한 용이치 않았다. 굶주림과 피로에 점점 낙오자는 늘어간다. 눈 속에 쓰러진 부하들을 버려 둔 채 여섯 명만이 눈을 헤치며 XX지점에 이른다. 어둠을 틈타 대로를 가로지르려 할 때 돌연 일발의 총성이 울리고 이어서 선임 하사가 쓰러졌다. 선임 하사를 부축하고 산속으로 들어가 정신을 차리니 새벽이다. 선임 하사는 슬픈 빛이라고는 조금도 없이 입가에 미소를 지으며 죽어갔다. '그'는 눈 속을 헤치면서 남쪽으로 걷다가 몇 번이고 정신을 잃었다. 추위와 굶주림에 허덕이며 일주일째 되던 날 저녁 험한 준령을 넘었다. 이튿날 산 아래로 황량하게 버려진 마을에서 인민군들이 한 청년에게 총을 겨누고 있었다. '그'는 마치 청년이 자신인 것 같아 인민군에게 총질을 한다. 두 놈이 쓰러졌다. 눈 깜짝할 사이 그들이 응수를 해왔다. 반격이 시작되자 '그'는 피를 너무 많이 흘린 탓에 의식을 잃고 포로가 된다. 이후 몇 번에 따른 심문과 전향할 의사를 묻는다. 한 시간 후면 모든 것이 끝이라고 생각한다.

'나'는 그들에게 끌려가 예정대로 눈 덮인 둑길을 걸으면서 자신의 의지대로 삶을 끝맺어야 한다고 생각한다. '나'는 빨가벗은 채 추위에 살이 빨가니 얼어서 흰 둑길을 걸어간다. 수발의 총성이 들리고 '나'는 그대로 털썩 눈 위에 쓰러진다. 흰눈이 회색빛으로 흩어져 점점 어두워지자 순간 모든 것이 끝났지만 모두 평범한 일인 것이다. 의식이 점점 흐려진다. 햇빛이 따스히 눈 위에 부서진다.

▶ 인물의 성격

그('나') : 이 소설의 서술자이며 패배한 병사들의 소대장으로 자신을 희생할 수 있는 전형적인 군인(내면 의식이 깊어질 때 서술 시점이 '나'로 이동됨)

선임 하사 : '그'의 부하로서 극한 상황에서 의연하게 죽음을 맞이함(전쟁의 무의미함을 드러냄)

▶ 핵심 정리

* 갈래: 단편 소설, 심리 소설, 전후 소설
* 배경: 시간적→ 6.25 전쟁 중의 겨울
     공간적→ 전쟁으로 폐허가 된 어느 마을의 움막과
              눈이 덮인 대지
* 경향: 실존주의적

* **주제**: 전쟁이라는 극한 상황 속에서 인간의 고뇌와 죽음

    그 자체가 무의미하다는 실존적 인식

* **시점**: 전지적 작가 시점(1인칭과 3인칭의 시점 혼용)

* **문체**: 간결체

* **특징**: 의식의 흐름 수법 사용

* **출전**: 한국일보(1955)

➤ 구성

* **발단**: 수색대 소대장으로서 부하를 이끌고 북으로 진격함

* **전개**: 격전 중에 선임 하사를 잃고 남쪽으로 퇴각하다

    몇 번이고 실신함

* **위기**: 인민군들이 한 청년에게 총을 겨누자 마치

    그 청년이 자신인 것 같아 총질을 하지만 인민군의

    응사에 부상을 당함

* **절정**: 전쟁에 헛되이 죽는 인간 존재의 비극성이 눈 덮인

    들판에 주제로 암시됨

* **결말**: 죽음 직전의 마지막 의식이 전쟁의 비인간성을

    고조시킴

◉ 주요 저서: 균열/모반

장마/윤흥길

▶ 줄거리

어린 '나'(동만)는 전쟁으로 인해 아들(외삼촌)을 육군 장교로 보낸 외할머니와 빨치산(파르티잔) 아들(삼촌)을 둔 친할머니와 함께 살아간다. 지루한 장마가 계속되던 어느 날 밤, 호롱불 밑에서 완두를 까던 외할머니는 아들(외삼촌)이 전사했다는 통지를 받는다. 아들(외삼촌)을 잃은 외할머니는 빨치산을 저주한다. 같은 집에 살고 있는 친할머니가 이 소리를 듣고 노발대발한다. 그것은 곧 빨치산에 나가 있는 자기 아들(삼촌)더러 죽으라는 저주와 같았기 때문이다. 어린 '나'는 맥고자(밀짚모자)를 쓴 사람의 꼬임에 의해 삼촌이 집을 다녀갔다는 말을 하게 되고, 이로 인해 아버지는 경찰서에 불려가 고생을 했다면서 친할머니는 '나'를 미워한다. 빨치산 대부분이 소탕되고 있는 때라서 가족들은 대부분 친할머니의 아들, 곧 삼촌이 죽었을 것이라고 믿는다. 그러나 친할머니는 점쟁이의 말대로 살아서 돌아올 날을 기다리며 잔치 음식을 준비한다. 그러나 그날이 되어도 삼촌은 돌아오지 않는다. 그러던 어느 날 난데없이 사람 키보다 훨씬 큰 구렁이 한 마리가 아이들의 돌팔매질에 쫓겨 집안으로 들어온다. 집안은 삽시간에 엉망진창이 되고 친할머니는 순간 졸도한다. 그것은 삼촌이 죽어 그 원혼이 구렁이가 되었다고 생각했기 때문이다. 외할머니는 아이들과 동네 사람들을 쫓아내고 감나무에 올라가 있는 구렁이에게 다가가 말을 하기 시작한다. 외할머니는 나서서 구렁이를 위로하기 위해 준비한 음식과 친할머니의 머리카락을 태운다. 그 냄새에 구렁이는 감나무에서 내려와 대밭으로 사라진다. 까무러쳤던 친할머니가 의식을 회복한 후 고모로부터 까무러친 후에 일어났던 일들을 전하자 친할머니는 외할머니에게 고맙다는 인사를 하면서 화해를 청한다. 그로부터 일주일 후쯤 친할머니는 임종의 자리에서 내 손을 잡고 지난날을 모두 용서해 주었다. 나도 마음속으로 할머니의 모든 걸 용서했다. 정말이지 지루한 장마였다.

▶ 인물의 성격

'나' : 초등 학교 3학년 때의 소년 시절을 회상하는
      이 소설의 서술자

친할머니: 아들('나'의 삼촌)이 빨치산으로 감
      (무속 신앙을 믿음)

외할머니: 아들이 국군 소위로 있다가 전사함
      (예언적인 꿈을 믿음)

➤ **핵심 정리**

* **갈래**: 중편 소설, 전후 소설

* **배경**: 시간적→ 6.25 동란 중의 장마철

　　　　　공간적→ 어느 농촌 마을

* **경향**: 사실적, 샤머니즘적

* **주제**: 전쟁의 와중에서 빚어진 한 가정의 비극과 그 극복

* **시점**: 1인칭 관찰자 시점

* **문체**: 간결하고 담백한 문체

* **출전**: 문학과 지성(1973)

➤ **구성**

* **발단**: 두 할머니의 아들이 처지가 다른 국군과

　　　　　빨치산이 됨

* **전개**: 외할머니의 아들(육군 장교)이 전사한 후로

　　　　　두 할머니의 갈등이 시작됨

* **위기**: 빨치산(친할머니 아들)에 대한 외할머니의 저주로

　　　　　갈등이 고조됨

* **절정**: 아이들에게 쫓겨 집안에 들어온 구렁이를 외할머니가

　　　　　극진히 대접하여 돌려보냄

* **결말**: 두 할머니가 화해함

⊙ 주요 저서: 아홉 켤레의 구두로 남은 사내/완장/에미

탈출기/최서해

▶ 줄거리

'나'(박 군)는 가족을 버리고 집을 떠나 어떤 단체에 들어가려 하는데, 나를 집으로 돌아가라고 설득하는 김 군에게 '나'는 왜 집을 떠날 수밖에 없었는지를 밝힌다.

5년 전 '나'는 너무도 절박한 생활 속에 답답함을 떨쳐 버리고 새로운 희망을 주기 위해 어머니와 아내를 데리고 간도로 간다. 나의 꿈은 농사를 지어 배불리 먹고 깨끗한 초가나 지어 글도 읽고 무지한 농민들을 가르쳐서 꿈에도 그리던 마을을 만드는 것이다. 그러나 채 한 달도 못되어서 그 꿈은 물거품이 되었다. 간도의 H라는 시골 거리에서 셋방살이를 시작하게 된 '나'는 돈이 다 떨어져 밭은 고사하고 일자리도 얻지 못한다. '나'는 팔을 걷고 나섰다. 이리저리 돌아다니면서 한 번도 해본 적이 없는 방구들도 고쳐 주고 가마솥도 붙여 준다. 그러나 일이 항상 있는 것도 아니어서 여름 불볕에 삯김도 매고 꼴도 베어 판다. 어머니와 아내도 삯방아를 찧고 강가에 나가서 부스러진 나뭇개비 줍는 일로 겨우 목숨을 부지한다. '나'는 사랑하는 늙은 어머니와 아내가 배를 주리고 남의 멸시를 받는 것에 대해 참으로 견딜 수가 없다. 그래서 '나'는 비가 오나 바람이 부나 어떤 삯일도 마다하지 않는다. 아내 또한 배가 고파도 참고 순종한다. 그러니 더욱 불쌍한 생각이 든다. 한번은 이틀이나 굶고 일자리를 찾아서 헤매다가 집으로 돌아오는 길에 임신한 아내가 부엌 앞에서 무엇인가를 먹는 것 같아 아내를 오해했다. 그러나 아내가 먹던 것이 길바닥에서 주운 귤껍질이라는 사실을 알고 죄책감과 괴로움에 어찌할 바를 모른다. '나'는 눈물을 흘리면서 임신한 아내를 측은하게 생각하고 아내와 함께 운다. 더욱 나는 열심히 살겠다고 이를 악물면서 대구어(대구과의 물고기) 판 것을 돈 대신으로 콩을 받아 두부 장사를 한다. 산후에 몸조리를 해야 할 아내는 힘든 맷돌질을 한다. 서투른 일이라 만들어 놓은 두부가 곧잘 쉰다. 그렇게 되면 집안은 침통한 분위기 속에서 쉰 두부와 두붓물로 끼니를 때운다. 갓난아이는 젖을 달라고 밤새껏 보챈다. 울며 겨자 먹기로 또 두부를 만들지만 이번에는 땔감이 없다. '나'와 아내는 땔나무를 하다가 산 임자에게 들켜 곤혹을 치른다. 경찰서에 잡혀가 매를 맞는 것도 한두 번이 아니다. 겨울에는 일자리가 별로 없다. 그렇다 해도 충실하게 노력하고 사는 '나'는 현실을 비관한다. 우리는 우리로서 살아온 것이 아니라 그 어떤 험악한 제도의 희생양이다. '나'는 여기서 깨달음을 얻었으므로 기필코 세상을 바꿀 것이라는 일념 아래 집을 떠나 XX 단에 가입한다.

➤ 인물의 성격

'나'(박 군): 가난에 찌든 젊은이로 저항적인 성격을 지님
    (세상을 바꾸겠다는 결심으로 가족까지 버리고 집을 떠나
    XX단체에 가입함)

아내: 순박하고 수줍음을 잘 타는 시골 여인

어머니: 가난하게 살아가지만 아들을 지극히 사랑하는
    전형적인 한국 여인

김 군: 편지의 수신인(가족을 버리고 집을 떠나는 것에 대하여
    반대함)

➤ 핵심 정리

* 갈래: 단편 소설, 서간체 소설
* 배경: 시간적→ 일제 강점기
       공간적→ 황폐한 간도
* 경향: 신경향파적
* 주제: 식민지하에 따른 가난한 삶의 고발과 부조리한
    현실에 대처할 적극적인 저항 의지
* 시점: 1인칭 주인공 시점
* 문체: 서간체
* 출전: 조선 문단(1925)

➤ 구성

* **발단**: 삶의 터전을 찾아 간도로 떠남
* **전개**: 현실의 학대로 인한 비참한 생활(아내가 귤껍질을 주워 먹음)
* **절정**: 극한 생활고에 시달림(두부 장사를 함)
* **결말**: 가난에 대한 분노로 사회 참여(XX단체에 가입)

⊙ 주요 저서: 탈출기/홍염

학/황순원

▶ 줄거리

한 마을에서 성삼이와 덕재는 어린 시절을 보낸 단짝동무이다. 그러나 6.25가 나면서 이념을 달리하는 적대 관계로 만나게 된다. 자기 집에 숨어 있다가 임시 치안대 사무소로 체포되어 온 덕재를 보자 성삼은 청단까지의 호송을 자청한다. 호송 도중, 성삼이는 어린 시절 어른들 몰래 호박잎 담배를 나눠 피우던 생각과 혹부리 할아버지네 밤을 서리하다가 들켜 혼이 난 추억들을 떠올리며 치안대원으로서의 임무와 우정 사이에서 갈등을 느낀다. 농민동맹 부위원장까지 지낸 덕재와 대화를 하는 사이에 점차 적대감이 누그러진다. 덕재는 스스로 공산주의 이념과는 상관없이 빈농에 근농꾼(농사만 짓는 사람)이라는 이유 하나만으로 이용당했을 뿐, 사실은 땅밖에 모르는 순박한 농민이었던 것이다. 덕재는 홀로된 아버지가 병석에 누워 있었고, 농사에 대한 고집스러운 애착으로 인해 피난을 가지 않고 마을에 남게 된 사실을 이야기한다. 성삼이는 혼자 피난 가던 때를 회상하며 농사일 때문에 피난 가기를 끝까지 거부하시던 아버지를 떠올린다. 그리고 덕재의 처지를 어느 정도 이해하게 된다. 어느덧 고개를 넘으면서 덕재에 대한 증오심이 점차 우정으로 바뀐다. 성삼이는 고개를 다 내려온 곳에서 흰옷 차림으로 허리를 굽히고 있는 것처럼 보이는 학 떼를 발견한다. 그리고 어린 시절 덕재와 함께 학 사냥을 했던 기억을 떠올린다. 어린 시절 열두어 살쯤 되던 해, 어른들 몰래 올가미로 학을 잡아 괴롭히다가 서울에서 누군가가 총독부의 허가를 받고 학을 잡으러 왔다는 소문을 듣는다. 그때 둘이는 놀라서 학 발목의 올가미를 풀고 날개 묶은 새끼줄을 푼다. 처음에는 제대로 걷지도 날지도 못하는 학을 둘이서 안고 공중으로 날린다. 그러나 두서너 번 날갯짓을 하다 내려앉는다. 다음 순간, 바로 옆 풀숲에서 펄럭 단정학(선학. 백두루미) 한 마리가 날개를 펴자 땅에 내려앉았던 자기네 학도 긴 목을 뽑아 한번 울음을 울더니 공중으로 날아올랐다. 자유로워진 학이 푸른 하늘로 날아갔던 일이 추억으로 떠오른다. 성삼이는 학을 사냥하자고 덕재의 포승줄을 풀어 준다. 이때 덕재는 성삼이가 자기를 쏘아 죽일 거라는 생각에 멈칫거렸으나 '어이, 왜 맹추 같이 서 있는 게야?' 하는 성삼이의 재촉에 무엇을 깨달은 듯 잡풀 사이로 도망친다. 때마침 단정학(머리 꼭대기가 붉은 학) 두세 마리가 가을 하늘을 유유히 날고 있었다.

➤ 인물의 성격

성삼: 치안 대원(한 마을에서 자란 단짝동무 덕재를 호송 중에
풀어줌)

덕재: 성삼의 어릴 적 친구(전쟁 발발 후 단지 빈농이라는 이유만으로
농민동맹 부위원장이 됨

➤ 핵심 정리

* 갈래: 단편 소설, 전후 소설
* 배경: 시간적→ 6.25 직후
  공간적→ 삼팔 접경의 이북 마을
* 경향: 휴머니즘
* 주제: 좌우익의 이념을 초월한 따뜻한 인간애 실현
  (순수한 인간성의 회복)
* 시점: 작가 관찰자 시점(부분적으로 전지적 작가 시점)
* 문체: 간결체
* 출전: 신천지(1953)

➤ 구성

* 발단: 어린 시절을 단짝동무로 지낸 성삼과 덕재 이야기
  (삭막하고도 긴장감이 흐르는 마을 분위기)
* 전개: 성삼의 갈등(덕재의 호송을 자청함)

* **위기**: 성삼과 덕재의 갈등 고조

      (덕재의 이념적 결백에 옛 우정을 되돌아보는 성삼)

* **절정**: 학 사냥을 하던 어린 시절의 아름다운 추억을
  회상함

* **결말**: 갈등의 해소(상삼이 덕재의 포승줄을 풀어 줌,
  단정학의 비상)

⊙ 주요 저서: 별/독짓는 늙은이/소나기/
           나무들 비탈에 서다

만무방/김유정

▶ 줄거리

깊은 산골에 가을은 오고 응칠은 심심풀이(파적)로 송이를 채취하러 나섰다. 전과자로서 막되어 먹은 사람(만무방)인 그는 추수 때 송이 채취나 하는 유랑인 신세이다. 시장기를 느껴 송이를 먹던 응칠은 고기 생각이 나자 근처에 돌아다니는 닭을 산꼭대기로 몰아 잡아먹는다. 숲에서 나온 응칠은 성팔이를 만난다. 그는 응오네 논의 벼를 도둑맞았다는 이야기에 성팔이를 의심해 본다.

사실 응칠이도 5년 전에는 처자식이 있었던 성실한 농군이었다. 그러나 빚을 갚을 길이 없어 한밤중에 도망을 나와 구걸로 근근히 연명하던 차에 아내의 헤어지자는 말을 따른다. 그 후로 절도와 도박으로 감옥까지 드나들게 된다. 그 동안 동기간이 그리워지자 동생 응오를 찾아본다. 응오는 순박하고 성실한 모범 농군이었으나, 피땀 흘려 농사를 지어도 도지와 장리쌀, 색초(관아에 바치는 세금)를 제하고 나면 남는 것도 없이 도리어 빚만 늘어난다. 그러니 올해는 지주의 착취에 맞서 논의 벼를 베지 않고 그대로 둔다. 응칠은 주막에서 막걸리를 마시고 송이로 값을 치른 후, 응오에게 가보니 응오는 병을 앓아 다 죽어가는 아내에게 먹일 약을 달인다.

그리고 아내의 병을 낫게 하기 위해 산치성(민속에서, 산신령에게 정성을 드리는 일)을 드렸으면 한다고 응칠에게 의견을 구하지만 탐탁해 하지 않는다. 이런 상황에서 응칠은 베지도 않은 응오네 논의 벼가 닷 말쯤 도둑맞았다는 사실을 알게 된다. 응칠은 전과자인 자신이 도둑으로 몰릴까 봐 오늘 밤 도둑을 잡은 후 이곳을 떠나기로 결심 한다. 응칠은 도둑을 잡으러 응오네 논이 있는 산고랑 길을 오른다. 바위 굴속에서 노름판이 벌어진 것을 보고 응칠은 잠시 끼어든다. 그리고 숲으로 나와 서낭당 앞의 돌에 앉아 팔짱을 낀 채 덜덜 떨며 도둑이 나타나기를 기다린다. 닭이 세 홰를 치며 울 때 복면을 한 도적이 나타난다. 응칠은 몽둥이로 허리께를 내리친다. 격투 끝에 놈의 복면을 벗기니 놀랍게도 동생이다. 응칠은 어찌할 바를 모른다. 응칠은 눈물을 적시며 돈이 되는 황소를 훔치자고 응오에게 말한다. 그런데 응오는 부질없다는 듯 손을 뿌리치며 달아나고 응칠은 대뜸 응오에게 몽둥이질을 한다. 쓰러진 응오를 등에 업고 응칠은 빠른 걸음으로 고개를 내려온다.

▶ 인물의 성격

응칠: 평범한 농민이었으나 전과 4범이 된 만무방
　　　(도박과 절도로 일확천금의 허황된 꿈을 꾸는 인물)
응오: 응칠의 동생(모범적인 소작농이었으나 벼 수확을
　　　포기하고 자신이 가꾼 벼를 도적질해야 하는 상황에 빠짐)
성팔, 기호, 용구, 머슴, 상투쟁이: 도박으로 일확천금을
　　　꿈꾸며 농촌을 떠나려는 소작농들

▶ 핵심 정리

* 갈래: 단편 소설, 농촌 소설
* 배경: 시간적→ 1930년대 일제 강점기 어느 가을
　　　　공간적→ 강원도 산골 마을
* 경향: 풍자적, 해학적
* 주제: 일제 강점기 농촌 사회의 궁핍한 생활과
　　　　암담한 현실
* 시점: 작가 관찰자 시점
* 문체: 간결체
* 출전: 조선일보(1935)

▶ 구성

* 발단: 응칠은 한가롭게 송이 파적을 하며 근처에 있는
         닭을 잡아먹음

* 전개: 응오네 벼가 도둑맞은 사실을 듣고 응오네 집에
         들렀으나 개탄함

* 위기: 도둑을 잡기 위해 그믐밤 서낭당 앞 아우의 논
         근처에서 잠복함

* 절정: 도둑을 잡고 보니 동생임을 알고 어찌할 바를 모름

* 결말: 황소를 훔치자고 했으나 응오가 거절하자 대뜸
         몽둥이질을 한 뒤 그를 등에 업고 고개를 내려옴

⊙ 주요 저서: 소낙비/노다지/금 따는 콩밭/봄봄/동백꽃

병신과 머저리/이청춘

➡ 줄거리

'나'는 화가다. 학생들이 돌아간 화실은 조용하다. 그리던 그림도 며칠 동안 조금도 메우지 못하고 윤곽만 잡았을 뿐 더 이상 진전이 없다.

20여 년 동안 외과 의사로 실수 한 번 없었던 형이 달포 전 수술을 한 어린 소녀가 죽자 정신적으로 충격을 받았는지, 죄의식을 벗어나지 못한 채 술에 취해 살다가 돌연 병원의 문을 닫고 소설을 쓰기 시작한다. 그 소설에서 10년 전 형은, 6.25 전쟁 중에 겪었던 패잔과 탈출에 관한 이야기를 쓰고 있다. 전투 중에 부상을 당한 김 일병, 이등 중사 오관모는 강계 부근에서 패잔병으로 낙오되자 동굴에 숨게 된다. 입을 줄일 목적으로 오관모는 김 일병을 죽이려 한다. 오관모는 첫눈이 오는 날이 좋겠다고 하면서 형에게는 구경만 하라고 한다. 드디어 첫눈이 오는 날, 모든 것을 아는 듯 조용하기만 한 김 일병을 보면서 형은 김 일병이 죽어도 좋다고 생각한다. 소설이 거기서 멈추자 '나'의 화폭은 그대로이고 아무것도 할 수가 없다. '나'는 형이 쓰고 있던 소설의 내용이 진전되기를 기다리다가 형 몰래 원고를 가져와 형이 김 일병을 죽이는 걸로 결말을 낸다. 화실을 다니던 혜인이 어느 날 청첩장을 들고 왔다. 그 후로도 한번 화실을 찾아온 일이 있다. 소설은 언제나 같은 곳에 있다. 형은 아주머니나 '나'를 경계하는 것 같지 않았다. 다음날 '나'는 아주머니를 통해 형이 병원을 다시 개원하려 한다는 말을 듣는다. 이 말을 듣고 형의 방으로 가서 소설을 보았는데 형은 내가 쓴 부분을 바꿔 놓았다. 형은 오관모가 김 일병을 죽이고 뒤따라간 자신이 오관모를 죽이는 것으로 소설을 끝낸다. 이 뜻밖의 결말은 나를 혼란에 빠뜨린다. 혜인의 결혼식장에서 형은 오관모를 만나고 그날 밤 몹시 술에 취한 상태에서 자신이 쓴 소설을 불태워 버린다. 그리고 '나'를 가리켜 도망간 애인의 얼굴이나 그리는 머저리라고 비난한다. 그 일이 있은 후 일상으로 복귀한 형과는 달리 '나'는 아픔의 정확한 정체를 알지 못한 채 그저 다가올 더 많은 망설임으로 시간을 허비할까 염려한다.

➤ 인물의 성격

형: 의사(자신의 직접적인 체험을 통한 능동적이면서도
    행동주의적 인물)

나(동생): 화가(자기의 아픈 상처가 무엇인지도 모른 채 현실적인
    문제에 피동적으로 대처함)

혜인: '나'(동생)의 애인이었으나 다른 남자와 결혼함

오관모(이등 중사): 인간의 본능적 이기심과 생존 욕구의
    전형을 보여 줌

김 일병(신병): 암담한 현실을 극복하지 못한 채 휩쓸려
    사라짐

➤ 핵심 정리

* 갈래: 단편 소설, 액자 소설

* 배경: 내부 액자

    (시간적→ 6.25 전쟁 당시

    공간적→ 강계의 어느 시골)

    외부 액자

    (시간적→ 1960년대

    공간적→ 화실, 병원)

* **주제**: 두 형제간의 서로 다른 삶에 대한 방식과 아픔의
　　　극복 과정을 그림
* **시점**: 1인칭 주인공 및 관찰자 시점 혼용
* **문체**: 논리적인 문체
* **출전**: 창작과 비평(1966)

➤ 구성
* **발단**: 의사인 형이 병원 문을 닫고 소설을 쓰기 시작함
* **전개**: 동생인 '나'는 그 소설을 보고 형에 대한 아픔을
　　　근원적으로 찾으려 함
* **위기**: '나'는 혜인으로부터 절교의 편지를 받음
* **절정**: '나'는 형이 다시 고쳐 쓴 소설의 결말을 봄
* **결말**: 형이 병원 일을 다시 시작하고, '나'는 아픔이 없는
　　　환부의 근원을 자문해 봄

⊙ 주요 저서: 매잡이/소문의 벽/당신들의 천국/서편제/
　　　잔인한 도시

사하촌/김정한

▶ 줄거리

돌가루처럼 딱딱한 타작 마당으로 어디서 기어 나왔는지 지렁이 한 마리가 흙고물을 쓰고 바동바동 굴고 있다. 새까만 개미 떼가 공격을 하자 지렁이는 모질게 발버둥친다. 또 어디선지 죽다 남은 듯한 쥐 한 마리가 튀어나오더니 종종걸음으로 마당 복판을 질러서 돌담 구멍으로 쏙 들어가 버린다. 이때 치삼 노인이 오막살이 앞 감나무 아래에서 신경통에 좋다 하는 미꾸라지를 찧으려고 안간 힘을 쓴다. 그 미꾸라지는 딸이 신경통에 좋다고 아침 일찍 잡아다 준 것이다. 이때 아들 들깨가 논에 물을 대러 갔다가 허탕치고 집으로 돌아온다. 자손 대대로 복을 받고 극락에 갈 거라는 중의 꾐에 넘어가 논을 선찰 대본산 보광사에 시주한 치삼 노인은 중이라는 말만 들어도 가슴이 섬뜩해진다. 원래 이 마을에서는 물 걱정이 없었다. 그런데 T시 수도 출장소에서 저수지를 만든 후로 물 걱정을 하게 된 것이다. 작년 같이 폭동이 우려되어 저수지의 수문을 열지만 수문 옆에 논을 가지고 있는 중놈들의 횡포가 심해 아예 아래 논에는 물을 대지 못한다. 물을 대지 못한 곰보 고 서방은 중들이 소유하고 있는 논의 물꼬를 트는 바람에 이시봉과 다른 중들에게 죽도록 매

146

를 맞는다. 그리고 어제 일로 인하여 주재소로 끌려간다. 절 아래 보광리라는 마을은 절 사람들이 사는 마을이다. 그들은 잘 살아서 일본이고 서울이고 나들이를 다니는 사람들이다. 들깨는 논일을 하다가 물끄러미 그 보광리 사람들이 자동차에서 내리는 걸 본다. 그리고 언제쯤 고 서방이 풀려날까 염려한다. 가뭄이 오래 지속되자 동네 사람들이 모여 기우제를 지내지만 비는 내리지 않는다. 게다가 보광사에서도 백중날(음력 칠월 보름날. 불가에서는 하안거를 마친 뒤 대중 앞에 허물을 말하여 참회를 구하며, 절에서 재를 올림) 기우제를 올린다 하는데, 소작인은 시주금을 마련해 가지 않을 수 없다. 중들이 기우제를 지내도 역시 비는 내리지 않고 들판에는 반 이상 모가 뽑히고 메밀 따위가 뿌려졌으나 말라서 비틀어지기 바쁘다.

어느 날 보광사의 대사봉 중턱에서 마을 여자들이 버섯을 따고 있을 때, 삭정이를 하러 산으로 갔던 아이들이 산지기에게 들켜 도망을 치다 상한이라는 아이가 절벽에서 떨어져 죽는다. 산지기는 도리어 큰소리를 치고 잠시 후에 온 순사도 산지기에게 잘못이 없다 한다. 상한이 할머니는 달려와 따지다 실성해 버린다.

고 서방이 풀려나고 군청에서 가뭄 조사를 왔다 갔지만 아무런 소식도 없이 가을이 되었다. 보광사에서 간평(세를 받기 위해 농작물을 살피는 일)을 나온 중들은 소작료를 예전과 똑같이 물리는 통에 성동리 사람들은 농자금 지불 연장을 요청한다. 그러나 며칠 뒤 그들의 논에는 '입도 차압'이란 팻말이 붙는다. 고 서방은 야반 도주하고, 이튿날 아침 성동리 사람들은 차압 취소와 소작료 면세를 요구하기 위해 야학당에 모여든다. 그리고 보광사로 몰려간다. 철없는 아이들은 절을 태우러 간다며 부산히 떠들어댄다.

▶ 인물의 성격

치삼 노인: 보광사 중의 감언이설에 속아넘어가 논을 시주하고 가슴 아파함

들깨: 치삼 노인의 아들(중들의 횡포에 분연히 일어서는 동적인 인물임)

고 서방: 물꼬를 터놓았다가 주재소로 끌려가는 한편 논에 입도 차압이 붙자 견디지 못하고 야반 도주함

이 주사: 악덕 지주로 쇠다리 주사댁이라는 별명이 붙음

▶ 핵심 정리

* 갈래: 단편 소설, 농민 소설
* 배경: 시간적→ 일제 강점기 어느 초여름
　　　　공간적→ 사하촌 성동리(극심한 가뭄 속에서 관과 절의 횡포와 수탈의 대상이 됨)

* 경향: 사실적
* 주제: 일제 강점기의 피폐한 농촌 현실과 사하촌 사람들의
      저항 의지
* 시점: 전지적 작가 시점
* 문체: 간결체
* 출전: 조선일보(1936)

➤ **구성**
* 발단: 오랜 가뭄으로 인하여 궁핍해진 농촌의 삶
* 전개: 가뭄으로 인하여 지주와 소작인의 갈등
* 위기: 차압 취소와 소작료 문제로 농민들의 불만이 고조 됨
* 절정: 농민들이 농자금 지불 연장 요청
* 결말: 농민들이 보광사로 감

⊙ 주요 저서: 인간 단지/모래톱 이야기

아홉 켤레의 구두로 남은 사내/윤흥길

▶ 줄거리

초등 학교 교사인 '나'(오 선생)는 20평짜리 주택에 세를 들어 사는 동안 선생이라는 직업 특성상 이웃이 보여 준 지나친 관심과 동경이 부담스러웠다. 또한 주변 환경에 물들어 있는 아들이 걱정되는 까닭에 성남의 어느 고급 주택가에 집을 장만했다. 무리하게 장만한 집이라 금전적으로 도움이 될까 해서 방 한 칸을 세놓는다. 세입자인 권씨는 전세금 20만 원 중 10만 원은 아예 내지도 않았고 달랑 짐이라고는 이불 보따리 하나와 취사 도구가 전부이고 자식 두 명과 뱃속에 또 한 명이 딸려 있다. 오 선생이 이사에 관한 이야기를 하다 어안이 벙벙해 하는 사이 권씨는 반짝이는 구두를 바짓가랑이로 이리 저리 닦는다. 권씨는 집 장만을 해볼 요량으로 광주(경기도) 지구 택지 개발이 시작될 때 내 집 마련의 꿈을 안고 철거민 입주권을 얻었다. 그러나 당국의 거듭되는 불합리한 요구에 결국 꿈이 무산된다. 권씨는 철거민의 권리를 찾기 위해 처지가 비슷한 사람들과 집단 시위를 벌리다가 주동자로 몰려 감옥 생활을 한 처지이다. 지금은 경찰이 '나'에게 찾아와 이것저것을 물어보고 혹시 의심스러운 면이 있으면 꼭 알려 달라고 당부한다. 권씨는 셋방살이를 시작한 후로 막노동판을 전전하지만 아홉 켤레나 되는 구두를 깨끗하게 닦는 버릇이 있다. 그것은 그의 마지막 자존심과 같은 것이다. 그러던 어느 날 이 순경이 찾아왔다. 그리고 학생들 집으로 가정 방문을 가던 길에 '나'는 동네 근처 공사장에서 힘들게 일하는 권씨를 보았다. 저녁에는 평상시 말도 제대로 붙이지 못하던 권씨가 소주 한 병을 들고 안방으로 들어온다. 그는 안동 권씨의 후손이며 대학까지 나왔다는 말과 함께 긴 시간 신세 한탄을 한다. 그리고 아내가 출산을 앞두고 수술할 처지에 있으니 입원비를 빌려 달라고 한다. '나'는 당장 마련할 수 없다고 거절했다. 그러자 권씨는 힘없이 돌아선다. '나'는 권씨의 뒷모습을 보면서 왠지 계면쩍은 마음에 병원으로 찾아가 수술 비용을 댄다. 이런 사실도 모른 채 돈을 마련하러 나간 권씨는 아무런 소식이 없다. 그날 집에 복면을 쓴 도둑이 든다. 내가 도둑에게 도둑질이 서툴다고 하자 도둑은 도둑맞을 물건도 없다면서 이 죽거린다. 도둑이 자신도 모르게 문간방 쪽으로 달아나자 '나'는 저쪽이 대문이라고 말해 주었다. 그 후 권씨는 귀가하지 않았다. 아내가 병원으로 간 뒤 '나'는 권씨의 방을 살펴보았다. 잘 닦여진 아홉 켤레 구두를 보고 '나'는 그가 쉽게 돌아오지 않으리라는 것을 안다.

➤ 인물의 성격

'나' (오 선생): 초등 학교 교사로 이 소설의 서술자

　　　(양심적이지만 조금은 이기적인 소시민)

아내: 집 주인이라는 의식과 그런 행동을 보이는 소시민

권씨: 철거 반대 투쟁 중에 주동자로 몰려 전과자가 됨

　　　(소외 계층의 삶을 대변하는 인물)

➤ 핵심 정리

* 갈래: 중편 소설

* 배경: 시간적→ 1970년대

　　　공간적→ 개발이 한창 진행 중이던 성남시

* 주제: 산업화 과정에서 소외된 도시 빈민의 힘겨운 삶

* 시점: 1인칭 관찰자 시점

* 출전: 창작과 비평(1977)

➤ 구성

* 발단: 권씨가 '나'의 집에 전세로 들어옴

* 전개: 경제적 능력이 없기는 하나 구두에 대한 애착(정성)이

　　　강한 권씨

* 위기: 임신한 아내의 입원비를 권씨가 빌리려 하자 '나'는

　　　거절함(권씨 모르게 수술비를 대줌)

* **절정**: 권씨가 '나'의 집에 강도로 침입함
* **결말**: 권씨는 하홉 켤레의 구두만을 남긴 채 집을 나가
  행방 불명이 됨

⊙ 주요 저서: 장마/직선과 곡선/ 창백한 중년/ 완장

화수분/전영택

▶ 줄거리

어느 춥고도 쓸쓸한 겨울 밤, 나와 아내는 잠결에 행랑아
범의 흐느끼는 소리를 듣는다. 아범은 금년 구월에 아내와
어린 계집애 둘을 데리고 우리 집 행랑방에 들었는데, 아범
은 서른 살쯤 되는 순하고 착한 사람이며 어멈은 배운 것이
없어 무식하지만 무슨 일이든 하라는 대로 하는 단정한 여자
이다. 그들은 살림살이도 없을 뿐더러 끼니조차도 해결할
수 없는 형편이다. 게다가 두 딸은 싹수없이 행동하는 철부
지들이다. 이튿날 아침은 마침 일요일이라 어멈에게 어젯밤
울음에 대한 사연을 듣게 된다. 쌀가게 마누라가 큰딸 귀동
이를 누가 키우겠다고 한다기에 처음에는 반대했다. 그러나
굶기는 것보다는 낫다는 생각에 거기에 두고 지게 품을 파는

남편에게 의논해 보려고 찾아 헤매다가 돌아오니, 딸애는 벌써 강화로 데려간 뒤라 그렇게 슬피 울었다는 것이다. 아범(화수분)은 원래 양평에서 부농으로 잘 살았으며, 형제 중 큰형은 죽고 둘째 형이 시골에서 농사를 짓고 있다는 사정까지 알게 된다. 그러던 어느 날 아침 아범(화수분)은 형이 다쳤다는 소식을 듣고 자기가 대신 일을 해야 하기 때문에 고향을 다녀오겠노라고 인사를 한다. 그런 후 식구들을 부탁하고 떠난다. 추운 겨울이 되도록 화수분이 돌아오지 않자, 어멈은 세 살바기 어린 것을 업고 화수분을 찾아 시골로 떠난다. 나의 아내가 김장을 다 마친 어느 날 출가해 사는 여동생 S가 와서 화수분의 소식을 들려준다. 화수분은 원래 S의 시댁에서 천거해 우리 집으로 오게 된 것이다.

한편 고향에 간 화수분은 누워 있는 형 대신에 일을 하다 몹시 지쳐 몸살이 난 상태인데 그는 자기를 찾아 길을 떠난다는 어멈의 편지를 받고 귀동이(서울서 강화 사람에게 준 큰 계집애)를 부르며 흐느끼다가 불쑥 살을 에는 눈길을 달려 서울로 향한다. 백 리쯤 온 그는 해 저무는 어떤 높은 고개에 올랐다. 그는 고개를 숙여 앞을 내려다보다가 소나무 밑에서 떨고 있는 아내와 어린 것을 발견한다. 그리고 이내 달려들어 와락 끌어안는다. 화수분과 어멈은 서로 아무 말도 못하고 그렇게 밤을 지낸 모양이다. 이튿날 아침, 길을 지나

던 나무장수가 서로 껴안은 남녀의 시체와 아이를 발견하고
어린것만 소에 싣고 갔다.

▶ 인물의 성격

화수분(행랑아범): '나'의 집에서 행랑살이를 하는 아범. 한
때는 부유했으나 이름과는 다른 삶을 살다 죽은(반어적) 선
한 인품의 소유자 (부성애, 우애, 인간애)

어멈: 화수분의 아내로 가난하고 무식하지만 선하게 살아가
는 순박하고도 선량한 인물 (모성애)

귀동이, 옥분이: 화수분의 딸들로 못생긴데다가 마음씨마저
고약하고 고집불통임

'나'(주인공): 집주인(소극적인 당대 지식인의 전형적인 인물)

▶ 핵심 정리

* 갈래: 단편 소설, 액자 소설

* 배경: 시간적→ 일제 강점기

         공간적→ 추운 겨울 도시 및 산길

* 경향: 자연주의적, 사실주의적, 인도주의적(휴머니즘)

* 주제: 가난과 어려움 속에서도 부모의 변함없는 사랑과

         인간애

* 시점: 1인칭 관찰자 시점(1, 2, 4, 5장), 1인칭 주인공 시점

(3장), 전지적 작가 시점(6장)이 혼용됨
* 문체: 사실적이고 간결한 문체
* 출전: 조선문단(1925)

➤ **구성**
액자 구성
* 발단: 초겨울 추운 밤 행랑아범의 우는소리를 '나'와
　　　 아내가 들음
* 전개: 지게꾼인 행랑아범 화수분과 먹고 살기 위한
　　　 식구들의 몸부림
* 위기: 아픈 형의 농사일을 돕겠다며 고향으로 떠난 남편을
　　　 찾아 어린것을 업고 집을 나섬
* 절정: 화수분은 높은 고개를 넘다 기진맥진해 있는 아내를
　　　 발견함
* 결말: 나무장수가 화수분 내외의 시체는 버려 두고 어린것만
　　　 어린것만 소에 싣고 감

⊙ 주요 저서: 소/하늘을 바라보는 여인/
　　　　　　 크리스마스 전야 의 풍경

Best 2

우선 소설 줄거리 읽기

광염소나타/김동인

▶ 줄거리

독자는 이제 내가 쓰려는 이 이야기가 유럽 어떤 곳에서 일어난 일이라고 생각해도 좋고, 아니면 미래에 벌어질 일이라고 생각해도 좋다. 그러니 지구상에서 일어날 일인 줄만 알면 그만이다. 주인공 '백성수'가 누구라고 생각해도 좋다. 다만 정상적이지 못하다는 것만 알면 그뿐일 것이다. 그럼 내 이야기를 시작하자.

어느 여름날 저녁 강변에서 음악 비평가 K가 사회 교화자 모씨에게 기회론을 말하면서 이런 말을 한다. 어떤 사람이 자신의 본질과 다르게 도둑질을 했다면 그것이 범법 행위가 되느냐고 묻고, 그런 행위가 기회가 되어 천재성을 보인다면 그 기회를 버려야 하겠냐고 의견을 구한다. 그리고 '광염소나타'를 작곡한 음악가로 지금은 XX 정신 병원에 감금되어 있는 '백성수'에 대한 전반적인 이야기를 시작한다. '백성수'의 아버지는 때때로 비위에 거슬리면 선생을 두들기는 것이 예사였고, 술에 취하면 사람을 두들겨 패고 취기가 오르면 미치광이처럼 피아노 앞에 앉아 즉흥적인 연주를 합니다. 칠팔 년이 지난 뒤에는 아주 폐인이 됩니다. 그러는 동안 그는 양갓집 처녀와 어떻게 관계를 맺어서 애까지 임신을 시키지만 아깝게도 심장마비로 죽고 '백성수'는 유복자로 태어납니다. 삼십 년 이라는 세월이 흘렀습니다. 예배당에서 명상을 즐기던 K가 저편 아래에서 이상한 소리를 듣고는 눈을 번쩍 뜨니 언덕 아래로 집이 불타고 있었습니다. 순간 K는 묘한 기분에 끌려 즉흥적으로 피아노를 치려 했습니다. 그때 갑자기 덜컥덜컥하는 소리가 들리고 예배당 문이 열리면서 웬 젊은이가 뛰어들어왔습니다. 그 젊은이는 피아노를 발견하고 이내 연주를 시작했습니다. 젊은이의 미친 듯한 연주에 매료된 나는 오선지에 악보를 그리기 시작했습니다. 이때 문득 내 머리에 떠오른 것은 삼십 년 전에 죽은 동창생이었습니다. K씨는 '백성수'를 집으로 데리고 왔습니다. 그리고 악보를 보여 준 다음 연주를 시켰는데 그는 예배당에서와 같은 미친 듯한 연주는 못하고 이내 초조해 했습니다. 감정의 재뿐이었습니다. 나는 그를 밀치고 아까 베낀 그 악보를 펴 놓았습니다. 그리고 피아노를 치기 시작했습니다. 그때 그가 갑자기 달려들어 나를 밀치고 그 악보를 읽더니 순간 악보를 내던지며 두 손으로 피아노를 덮쳤습니다. 그날 밤 밤이 새도록 그는 흥분을 참지 못하고 자신의 과거를 일일이 다 이야기했습니다. 어머니는 어렵게 살면서도 자신을 키우기 위해 무진 애를 썼으며 여섯 살 때에는 피아노도 사 주었다고 했습니다. 그는 중학교를 중퇴하고 어머니의 생계를 돕기 위해 공장 직공이 되었으나 음악에 대한 집착은 조금도 줄지 않았습니다. 십여 년이 지난 후 어머니는 몹쓸 병에 걸리게 되었고, 돈을 마련하기 위해 그는 담배 가게를 털다가 붙들렸습니다. 6개월간 감옥살이를 하고 출옥한 그는 어머니가 자신을 기다리다 길에 나와 죽었다는 소식을 듣습니다. 배회하던 성수는 복수심이 끓어오르자 담배 가게에 불지르고 그 예배당에 들어온 것입니다. K는 사회 교화자 모씨와 이야기하는 도중 그가 보낸 편지를 사회 교화자 모씨에게 보여 줍니다. 편지에는 돈을 훔쳤던 그가 복수심 때문에 담배 가게에 불을 질렀고, 이내 무서운 생각이 들자 예배당에 숨어들었다는 사연이 적혀 있었습니다. 그리고 그는 K의 배려로 음악에 정진했으나 뜻대로 되질 않자 볏짚 낟가리를 보고 야릇한 충동에 불지른 것이 기회가 되어 작곡을 했다고 했습니다. 이후 알게 모르게 난 수많은 불들은 성수 자신이 질렀던 것이 아닌가 생각합니다. 어떤 날은 다리 아래서 노인의 시체를 보고 그 시체가 갈갈이 터져 나갈 때까지 이러저리 던져서 곡 하나가 만들어지기도 했다고 했습니다. 또한 아는 여자가 죽던 날 무덤에서 시체를 꺼내 간음을 했다고 했고, 사람을 죽이면 죽일 때마다 한 개의 곡이 만들어졌다고 했습니다. K는 편지를 다 읽고 난 사회 교화자에게 이런 경우 어떻게 해결을 하겠느냐고 묻는다. 사회 교화자

161

는 죄를 벌해야 한다고 말한다. K는 선이 굵은 예술을 위해
천재를 구하는 것이 옳다는 말을 하며 눈물을 흘린다.

▶ 인물의 성격
백성수: 방화, 살인, 시체 간음 등을 기회삼아 광기 어린
　　　천재적 음악성을 발휘함
K씨: 음악 비평가(백성수의 후견인으로 백성수를 옹호함)
사회 교화자 모씨: K씨의 상대역으로 사회 윤리를 중시함

▶ 핵심 정리
* 갈래: 단편 소설, 심리주의 소설, 액자 소설,
　　　유미주의(탐미주의) 소설
* 배경: 시간적, 공간적으로 제한을 받지 않는 곳
* 경향: 유미주의적(탐미주의적)
* 주제: 예술을 향한 한 음악가의 광기 어린 열정과 삶에
　　　대한 비극
* 시점: 1인칭 관찰자 시점(주인공인 ‘백성수’가 서술하는
　　　경우는 1인칭 주인공 시점)
* 출전: 중외일보(1930)

⊙ 주요 저서: 배따라기/감자/광화사/붉은 산/광염소나타

논 이야기/채만식

▶ 줄거리

일본의 항복으로 일본인들이 토지와 그 밖의 온갖 재물을 두고 물러가게 되었다는 소식을 전해 들은 한 생원은 자기의 예상이 맞았다며 어깨를 으쓱해 한다. 일본인에게 땅을 팔아 넘긴 후로 남의 땅을 빌려 근근이 연명해 오던 '한 생원'은 일본인들이 물러갔다는 소식에 자신의 땅을 되찾게 되리라는 기대감에 부푼다. '한 생원'네는 아버지의 부지런함으로 장만한 논 스무 마지기가 있었다. 그런데 한일 합방 이전에 아버지 한태수가 동학에 가담했다는 누명을 씌워 옥에 가두고는 석방 조건으로 고을 원(군수)에게 열서 마지기의 논을 빼앗긴다. '한 생원'은 허황되고 헤픈데다가 술과 노름을 좋아해 결국 남은 일곱 마지기마저 일본인에게 팔지 않으면 안 될 형편이다. 마침 일본인 요시카와가 인근의 땅을 시세보다 갑절이나 더 주고 산다기에, 그 돈이면 빚도 갚고 남은 돈으로 다른 논을 살 수 있겠다는 생각에 모두 팔았다. 그러나 이미 인근 땅값을 올려놓았기 때문에 빚만 갚고 논은 살수가 없었다. 그로부터 36년 후 해방이 되자 일본인이 물러나게 된 것이다. 이런 가난한 소작농 '한 생원'에게 있어 땅을 도로 찾게 될 것이라는 기대는 큰 기쁨이었다. '한 생원'

은 술에 취해 오줌을 지리기는 하나, 그래도 정신은 있는지 자기 땅을 보러 간다고 외친다. 그러나 막상 찾으리라던 그 땅은 이미 요시카와 농장 관리인 강태식이 팔았다는 대답뿐이다. 다시 찾을 수 없다는 생각에 '한 생원'은 허탈감을 느낀다. 그 후 일본인의 재산을 조선 사람에게 판다는 소문이 들렸다. '한 생원'은 그럴 재력도 없거니와 본래 임자가 있던 것인데, 그것을 아무에게나 판다는 것이 '한 생원'의 입장에서 보면 합리적이지 못한 것이었다. '한 생원'은 차라리 나라 없는 백성이 낫다며, 독립이 되는 날 만세 부르지 않기를 잘했다고 혼잣말로 중얼거린다.

▶ 인물의 성격

한 생원(한덕문: 주인공): 한태수의 아들(게으르고 허황된 성격의 소유자)

한태수: 한 생원의 아버지(성실한 농부이나 동학란(동학 혁명)에 가담했다는 누명을 쓰고 억울하게 옥살이를 함)

요시카와: 일본인 지주(자작농을 해체시키는 일에 전념하는 인물)

용길이: 한 생원의 손자

영남이: 읍내 사람

* 갈래: 단편 소설, 농민 소설, 사회 소설, 풍자 소설
* 배경: 시간적→ 일제 강점기 이전부터 8.15 광복 직후까지
　　　　 공간적→ 군산 부근의 어느 농촌
* 경향: 풍자적, 비판적, 냉소적
* 주제: 농민의 수난사와 해방 후 국가 농업 정책(토지)에
　　　　 대한 비판
* 시점: 전지적 작가 시점
* 문체: 간결체와 만연체의 혼용
* 출전: 해방문학선집(1946)

▶ 구성

입체적 구성(역순행적)
* 발단: 해방 직후 땅을 되찾고자 하는 한 생원의 기대
* 전개: 일제 강점기에 빼앗긴 땅을 회상
* 위기: 한 생원이 일본인에게 땅을 팔아 넘긴 과거 이야기
* 절정: 소작농으로 살아온 한 생원의 실망
* 결말: 농업 정책에 대한 불만 토로

⊙ 주요 저서: 레디메이드 인생/탁류/치숙/
　　　　　　 태평천하(원제목: 천하태평춘)

눈길/이청준

▶ 줄거리

'나'는 내일 서울로 올라가겠다고 말을 했다. 그러자 노인 (어머니)은 섭섭함을 감추지 못한다. '나'는 밖으로 나와 오리나무 그늘 아래 앉아 집을 내려다본다. 버섯처럼 보이는 단칸 오두막이 내 심기를 불편하게 한다. 내가 고등 학교 1학년 때, 형이 노름과 주벽으로 재산을 탕진해 잘 살았던 집안은 이미 기울어 집마저 남에게 넘겨준 상태이다. 그래서 노인과 형수 그리고 조카들은 단칸 오두막에 살고 있다. 형이 세상을 떠난 후로 노인과 '나'는 거의 남남으로 살아 왔다. 부모로부터 아무런 도움도 받지 않고 자수성가했다고 늘 생각해 왔던 '나'는 노인의 사랑을 애써 외면하려 한다. 노인은 살 날이 길지 못하리라는 체념 때문에도 그랬겠지만, 그보다 아들에게 아무것도 주장하거나 돌려받을 것이 없는 자신의 처지를 잘 알아 피차 빚이 없으므로 어떠한 부탁도 하지 않았다. 그런데 이번에는 노인의 눈치가 이상했다. 노인은 은근히 지붕 개량 사업 얘기를 꺼낸다. 노인의 이러한 마음을 알고도 '나'는 이것을 애써 외면하려 한다. 내가 외면하려 했던 것은 지붕 개량이 아니라 그것으로 인해 불거져 나온 예전 이야기였다. '나'는 계속 피하려 했으나 아내는 자꾸 노인에게 예전 아들을 떠나보낼 때, 그때의 심경을 캐묻는다. '나'는 그러한 이야기를 애써 피하려고 한다. 기어이 아내는 집 문제를 꺼낸다. 노모는 아내에게 자신이 죽은 후의 이야기를 시작으로 예전 집을 팔게 된 사연과 남의 집이 된 그 시골집에서의 마지막 밤 있었던 그날 이야기를 들려준다. 노인은 남의 집이 되어 버린 그 시골집에서 '나'를 예전처럼 편안히 쉬어 갈 수 있게 해주고는 밤새 차부까지 바래다 준 뒤 돌아오는 길에 아들의 발자국이 눈 위에 선명했는데, 그 길을 되밟고 아들이 달려올 것만 같아 한없이 눈물을 흘리며 눈길을 걸었다는 과거 이야기를 한다. 여기까지 듣던 아내가 나를 깨운다. 나는 노인(어머니)과 아내가 잠자리에서 나누는 과거 이야기에 차마 뜨겁게 흐르는 눈물을 보일 수 없어 그냥 자는 척해야 했다.

▶ 인물의 성격

'나' : 고등 학교 시절 집안이 어려웠을 때 자식 노릇을 못한
　　　자신이나 자식 뒷바라지를 못해 준 어머니나 마찬가지
　　　라는 생각을 가진 이기적 인물

아내: 이 작품의 전개를 돕는 인물로 시어머니와 남편
　　　사이의 교량 역할을 충실히 함

노인(어머니): 자식에 대한 미안함과 자책감을 간직한 인물

▶ 핵심 정리

* 갈래: 단편 소설, 귀향 소설, 순수 소설
* 배경: 시간적→ 1960년대 어느 여름
  공간적→ 시골 고향집
* 경향: 회고적, 상징적
* 주제: 몰락한 집안과 옛 이야기를 통한 모자간의 화해
* 시점: 1인칭 주인공 시점
* 출전: 문예 중앙(1977)

▶ 구성

액자 구성

* 발단: 노인(어머니)에게 불쑥 내일 아침 상경하겠다고
  말을 하는 '나'
* 전개: 지붕 개량을 은근히 바라는 노인(어머니)과 이를
  외면하는 '나'
* 위기: 집을 팔 때의 상황과 과거의 이야기를 묻는 아내
* 절정: 잠결에 노인과 아내의 대화를 들은 '나'
* 결말: 노인(어머니)과 '나'와의 갈등 해소

⊙ 주요 저서: 병신과 머저리/매잡이/서편제

모래톱 이야기/김정한

▶ 줄거리

'나'는 20년 전에 K중학교 교사였다. '나'는 나룻배를 타고 통학하는 지각생 건우의 생활에 관심을 갖게 된다. 가정 방문차 그 '조마이섬'으로 찾아간 날, 깔끔한 집안 분위기와 예절 바른 건우 어머니의 태도에서 여느 집안이 아니라는 인상을 받는다. 거기서 '나'는 건우의 노트를 통해 그 섬에 얽힌 역사와 현재에 대해서 알게 된다. 또한 큰집(감옥) 동기인 '송아지 빨갱이' 윤춘삼 씨가 이 섬에 살고 있다는 것도 알게 된다. '나'는 가정 방문을 마치고 돌아오는 길에 우연히 하단 쪽 나루터 길목에서 뜻밖에 윤춘삼 씨와 갈밭새 영감을 만나 이런저런 이야기를 하던 중 건우의 노트를 보고 알았던 '조마이섬'에 대한 내력을 자세히 듣게 된다. 윤춘삼 씨는 '송아지 빨갱이'라는 별명을 지닌 인물로 과거 한때 '나'와 같이 옥살이한 경험이 있다. 그의 소개로 갈밭새 영감을 만나 그들의 삶에 대해 자세히 알게 된다. 주머니처럼 생긴 낙동강 하류의 '조마이섬'은 일제 때 동양척식회사의 땅으로, 해방 후에는 나환자 수용소로 변했고, 그것을 반대하는 윤춘삼 영감은 '빨갱이'라는 누명을 쓰기도 하였다. 그 후 어떤 국회의원이 간척 사업을 한답시고 자기 소유로 만들어 버렸다는 것과 논밭은 섬사람들과 무관하게 소유자가 바뀌고 있다는 이야기를 '나'는 듣는다. 건우네는 증조부께서 벼슬을 하긴 했지만 당파 싸움에 휘말려서 이곳으로 온 터라 자기 땅이 없다. 아버지는 6·25 때 전사했고, 삼촌은 삼치잡이를 나갔다가 죽었다. 그래서 고깃배를 타는 할아버지 갈밭새 영감이 몇 푼 벌이로 겨우 생계를 유지한다. 이들과의 만남이 있고 얼마 후 여름 방학이 끝나갈 무렵, '나'는 건우로부터 수박 먹으러 오라는 전갈을 받는다. 그래서 다시 한번 '조마이섬'을 방문하려는 마음을 먹는다. 그러나 공교롭게도 처서 무렵 내리기 시작한 엄청난 비에 섬 주민들은 강둑을 허물지 않으면 살 수 없는 긴박한 상황을 맞는다. '나'는 '조마이섬'의 일이 궁금해 구포로 향한다. 하나, 통금으로 인해 '조마이섬'에 가볼 수 없었다. 그런데 윤춘삼 씨를 만나 갈밭새 영감과 마을 사람들이 지난 밤 유력자가 만들어 놓은 엉터리 강둑을 허물고 섬 주민들이 살아 나올 수 있었고, 이때 둑을 쌓아 섬 전체를 소유하려던 유력자의 앞잡이인 청년들이 나타나자 갈밭새 영감은 그들의 소행에 화가 나 그중 한 명을 탁류에 집어던진 것과, 이로 인해 갈밭새 영감은 섬 주민들의 애절한 하소연에도 불구하고 살인죄로 감옥살이를 하게 된다는 말을 들었다. 건우는 9월 새학기가 되어도 끝내 학교로 돌아오지 않았다. 그 후 황폐해진 모래톱

'조마이섬'은 군부대가 들어와 정지 작업을 한다는 소문이
들렸다.

➤ 인물의 성격

'나' : 전 K중학교 교사(이 작품의 서술자와 고발자로
　　　인물들과 사건을 객관적으로 봄)

건우: K중학교 학생으로 인식이 뚜렷하고 순박한 성격을
　　　지닌 학생

갈밭새 영감(건우 할아버지): 외부 세력에 저항함

윤춘삼: 갈밭새 영감과 유사한 성격으로 저항적임

건우 어머니: 남편 없이 살지만 부지런하고 친절한 여성으로
　　　의지가 굳음

➤ 핵심 정리

* 갈래: 단편 소설, 농민 소설, 참여 소설

* 배경: 시간적→ 일제 강점기부터 1960년대
　　　　공간적→ 낙동강 하류 조마이섬

* 경향: 사실주의

* 주제: 소외 지대 사람들의 비참한 삶과 현실적 부조리에
　　　　대한 저항

* 시점: 1인칭 관찰자 시점

* 출전: 문학(1966)

➤ 구성

* 발단: 건우의 생활에 관심을 가진 '나'는 가정 방문차
     '조마이섬'을 찾음

* 전개: '조마이섬' 사람들의 비참한 삶을 윤춘삼 씨와
     갈밭새 영감으로부터 들음

* 위기: '조마이섬'에 큰 홍수가 남

* 절정: 갈밭새 영감이 유력자의 하수인을 탁류에 집어던짐

* 결말: 군대가 '조마이섬'에 들어와 정지 작업을 함

⊙ 주요 저서: 인간 단지/사하촌/항진기

모범 경작생/박영준

▶ 줄거리

모내기가 한창이던 어느 날, 마을 사람들이 모내기를 하면서 목청을 높여 흥겹게 노래를 부른다. 그럴 때 마침 옆의 논에서 자동차가 온다는 고함이 들린다. 일하던 사람들이 휘었던 허리를 펴면서 자동차를 본다. 자동차는 여름 먼지를 뽀얗게 휘날리면서 동네 앞까지 왔으나 그냥 지나친다. 마을 사람들은 다시 모내기를 시작한다. 길서는 그 마을에서 가장 칭찬을 받는 사람이다. 그러나 길서를 시기하는 사람도 있는데, 길서는 마을에서 유일하게 소학교(초등 학교)를 졸업한 젊은이로 성두의 여동생인 의숙과 사귀고 있다. 그는 군(郡: 지방 행정 구역의 한 가지)에서 보내는 농사 강습회에 세 사람 중 한 사람으로 선발되어 서울로 떠난다. 김매러 갔다 돌아오는 길에 의숙은 얌전이에게 길서와의 관계를 놀림 받고 얼굴이 붉어진다. 길서가 농사 강습회를 마치고 서울에서 돌아온다. 그날 밤 길서는 마을 사람들에게 서울 자랑을 한다. 그리고 이어서 불경기가 계속되지만 한 고비만 넘기면 곧 경기가 회복될 것이라는 말과 함께 시국에 관련된 이야기를 덧붙인다. 그리고 이런 시국에 휘말리면 그나마 소작도 어렵다는 말을 한다. 길서는 뽕나무 묘목에 대한 이야기를 하려고 면사무소에 들른다. 면서기는 한턱을 내면 묘목을 잘 팔아 주겠다고 농담을 한다. 또한 일본으로 보내는 사람을 뽑는데 면장을 시켜서 뽑히도록 힘써 줄 테니 한턱내라고 한다 그러자 길서는 알았다고 대답한다. 그때 면장이 들어와서 길서 앞에 선다. 길서는 인사를 하고 서울 갔던 이야기를 보고한다. 마을 사람들은 강충이(매미와 비슷하며 벼과 곡식의 진을 빨아먹는 해충)로 인해 수확이 절반으로 떨어질 것을 예상하여 지주에게 감세를 부탁해 보라고 하지만 길서는 소작 쟁의와 같은 일이라면서 거절한다. 그리고는 며칠 뒤 일본 시찰단으로 뽑히어 떠난다. 그들은 해결책을 찾지 못하자 읍내의 재당에게로 몰려가 사정을 말해 보지만 들어 주질 않는다. 뽕나무 묘목 값은 엄청나게 비싸지고 호세도 크게 오른다. 모두가 길서의 짓이었다는 걸 알게 된 마을 사람들은 누구 하나 그를 곱게 이야기하지 않는다. 길서 때문에 동네를 떠나야겠다는 오빠의 말에 의숙이도 눈물을 흘리며 길서의 짓이 아니길 속으로 바란다. 일본을 다녀오는 길에 길서는 자기 논에 박은 '김길서'라고 쓴 말패는 간 곳도 없고 '모범 경작생'이라고 쓴 말뚝이 쪼개진 상태로 흩어져 있는 것을 보고 놀란다. 그는 의숙을 찾아가지만 그녀는 얼굴을 돌리고 울기만 한다. 이때 성두가 충혈된 얼굴로 뛰어들자 길서는 뒷문으로 도망친다.

➤ 인물의 성격

길서: 동네에서 유일하게 보통학교(초등 학교)를 나온 청년

      (오직 자신의 이익만을 추구하는 기회주의자)

의숙: 성두의 여동생이며 길서의 애인(소극적임)

성두: 소작인으로 장가 밑천인 돼지마저 팔고 북간도로

      이주할 생각을 함

➤ 핵심 정리

* 갈래: 단편 소설, 농민 소설

* 배경: 시간적→ 1930년대 일제 강점기

          공간적→ 궁핍한 어느 농촌

* 경향: 사실주의적, 고발적

* 주제: 일제 강점기 부조리한 농촌 현실과 농민들의

          궁핍한 삶

* 시점: 전지적 작가 시점

* 출전: 조선일보 신춘문예 당선작(1934)

➤ 구성

* 발단: 성두네 논에서 모내기와 함께 노래를 함

* 전개: 의숙과 사랑하는 사이인 길서가 서울로 농사

         강습회를 다녀옴(친일 관료를 도움)

* **위기**: 농민들은 길서가 지주와 친일 관료들의 협력자임을
  알게 됨
* **절정**: 길서의 논에 일제가 박아놓은 '모범 경작생' 이란
  말뚝을 쪼갬
* **결말**: 길서는 성두에게 쫓겨 도망침

⊙ 주요 저서: 일 년/목화 씨 뿌릴 때

목넘이 마을의 개/황순원

▶ 줄거리

평안도의 한 산간에 목넘이라는 마을은 사방이 산으로 둘러싸여 있는데, 그나마 남쪽은 꽤 길게 굽이돈 골짜기를 이루고 있어 어디를 가든 그곳을 거쳐야 한다. 이른봄부터 늦가을까지 서북간도로 가는 유랑민들이 이 마을에 들었다 떠나가곤 한다. 대개는 단출하지만 늙은이들은 쩔룩거리는 다리를 질질 끌면서도 애들의 손을 잡고, 여인들은 애를 업고 머리에 짐을 이고 있다. 그들은 서쪽 산 밑 오막살이 앞에 있는 우물가에서 물을 마시고 부르튼 발을 물로 식힌 뒤 저녁쯤 아낙은 동냥으로 끼니를 때운다. 그리고 빈집을 찾아 새우잠을 청한 뒤 꼭두새벽 북녘 길로 향한다. 그러던 어느 날, 이 마을에 황토에 물든 칙칙한 '신둥이(흰둥이)' 한 마리가 마을로 흘러 들어온다. 이 개는 유랑민이 끌고 가다가 사람도 먹을 것이 없어 그냥 묶어 놓고 길을 떠나자 줄을 끊고 도망친 개로 보인다. 이 지치고 수척한 '신둥이'는 이 마을의 큰 동장과 그의 아우가 운영하는 방앗간을 기웃거리면서 겨를 핥아먹거나 큰 동장 댁 점둥이와 작은 동장 댁 바둑이에게 접근해 먹다 남은 밥그릇을 핥으며 어렵사리 몸을 추스린다. 어느 날, '신둥이'가 대문 옆 개구멍을 빠져 나갈 때

177

큰 동장이 신둥이의 푸른 눈빛을 보고 미친개라며 고함을 지른다. 김 선달이 쫓아갔지만 잡지 못하고 돌아온 후로 '신둥이'는 조심스럽게 방앗간을 드나든다. 간난이 할아버지는 그 개가 굶주리긴 했으나 미친개는 아니라고 믿는다. 그 후 마을의 개 세 마리가 집을 나가 사흘 만에 돌아온 일이 일어난다. 사람들은 미친개 '신둥이'와 함께 야산에 있었다는 이유로 이 개들을 잡아먹는다. 그 속에 간난이 할아버지의 누렁이도 끼여 있었지만 입을 다물고, 크고 작은 동장네 개들만 초복에 보양탕으로 죽게 된다. 얼마 후 새끼를 밴 '신둥이'가 방앗간에서 자고 일찍 일어나 서산으로 간다는 소문이 들려온다. 사람들은 오늘 밤 이 미친개를 잡기로 하고 방앗간으로 향한다. 간난이 할아버지는 그래도 그 동안 자기의 거름을 축냈을 것으로 생각하고 몽둥이에 힘을 준다. 어둠 속에서 푸른 불꽃을 본다. 간난이 할아버지는 새끼 밴 '신둥이'를 차마 죽이지 못하고 자기 다리 곁을 빠져 나가게 한다. 이런 일이 있은 한 달쯤 뒤, 가을도 다 끝나고 간난이 할아버지는 서산 너머 험한 여웃골로 나무를 하러 갔다 돌아오는 길에 '신둥이' 새끼들을 발견한다. 그 속에 검둥이, 바둑이, 누렁이가 섞여 있었다. 새끼들이 어느 정도 커지자 마을 사람들도 모르게 새끼를 안아다가 다른 마을에서 얻어 온 것이라고 속여 나누어 준다. 그래서 이 마을 개들은 모두

'신둥이'의 피를 이어받게 되지만, '신둥이'는 새끼를 낳은 그 해 첫겨울 사냥꾼에게 죽는다. 이것은 내가 중학 시절 여름 방학을 맞아 외가인 목넘이 마을에 가서 그 간난이 할아버지께 직접 들은 이야기이다.

▶ 인물의 성격
신둥이: 주인을 잃고 목넘이 마을에서 모진 박해를 받는 개
　　　(일제 강점기와 해방 직후의 현실을 반영함)
간난이 할아버지: 이 사건의 전달자로 '신둥이'를 이해하는
　　　유일한 인물
큰 동장, 작은 동장: '신둥이'를 미친개로 몰아 죽이려 함
　　　(우리 민족을 박해하는 상징적인 인물)

▶ 핵심 정리
* 갈래: 단편 소설, 설화 소설, 액자 소설
* 배경: 시간적→ 일제 강점기와 해방 직후
　　　공간적→ 평안도 목넘이 마을
* 주제: '신둥이'로 상징되는 우리 민족의 수난과 그 극복
　　　과정에서의 강인한 생명력을 보여 줌
* 시점: 전지적 작가 시점, 종결 부분: 1인칭 관찰자 시점
* 문체: 간결체, 설화체

* 출전: 개벽(1948)

➤ 구성

액자 구성, 단순 구성

도입(prologue) : 작품의 배경인 목넘이 마을이 제시됨

* **발단:** 목넘이 마을에 '신둥이'가 흘러 들어옴

* **전개:** '신둥이'가 큰 동장네 검둥이와 작은 동장네
바둑이의 밥그릇을 핥음

* **위기:** 마을 사람들이 '신둥이'를 미친개로 몰아
죽이려고 함

* **절정:** 간난이 할아버지는 새끼 밴 '신둥이'를 차마 죽이지
못하고 살려 줌

* **결말:** 간난이 할아버지가 마을 사람들에게 신둥이의
새끼들을 나눠 줌

종결(epilogue) : 내가 중학 시절 외가인 목넘이 마을의
간난이 할아버지께 들은 이야기를 직접 소설화
하였음을 밝힘

⊙ 주요 저서: 학/소나기/별/카인의 후예/ 독 짓는 늙은이

배따라기/김동인

➡️ 줄거리

삼월 삼질 첫 뱃놀이 날에 '나'는 대동강으로 분홍빛 구름과 푸릇푸릇한 봄의 정취를 느끼러 갔다가 영유 배따라기를 구슬프게 부르는 '그'를 만난다. '나'는 2년 전 배따라기의 고향 영유에 갔다 온 적이 있는데 영유에서 있었던 일을 결코 잊을 수 없다. 내가 찾은 그 사람은 영유가 고향이지만 20년씩 고향을 떠나 떠돌이 생활을 하며 살고 있었다. '그'는 나에게 동생을 찾고 있는 중이라며 자기의 사연을 들려준다. '나'는 그의 슬픈 경험담 하나를 듣게 되었다. '그'가 살았던 곳은 영유에서 이십 리 떨어진 곳으로 바다가 있는 조그마한 동리이다. 그 조그만 동리에서 남은 친척은 없고 '그'의 아내와 동생 부부만 있는데, '그'는 꽤 유명한 사람으로 그 동리의 대표적인 사람이었다. 팔월 보름이라 이것저것 물건을 사고 아내가 좋아하는 거울도 살 겸 장으로 향한다. '그'는 아내를 좋아한다. 그렇지만 아무에게나 애교스럽게 구는 것이 밉다. 명절이 되면 으레 그의 집으로 찾아온 동리 사람들에게 애교를 떨며 친절히 대해 주었다. 그것을 보고 화가 난 '그'는 동리 사람들이 돌아간 뒤에 아내와 싸웠다. 성격이 쾌활하고 애교가 많은 아내가 결혼한 동생에게 특히 친절하자 '그'는 의심을 품고 기회만 있으면 꼬투리를 잡아 혼내 주려고 벼른다. 그런 참에 동생이 영유에 자주 가면서 첩이 생겼다는 소식에 아내는 동생을 단속하라고 보채니 형은 의심이 더욱 깊어진다. 어느 날 장에서 기분 좋게 거울을 사들고 집으로 돌아와 방문을 여니, 방안에는 떡 상이 놓여 있었고 아내와 동생의 옷차림이 헝클어져 있자 그는 화가 머리끝까지 치밀었다. 그때 동생이 쥐를 잡다 그랬노라고 말을 했다. 그러나 '그'는 믿지 않고 동생의 따귀를 친 다음 벌벌 떨고 있는 아내를 두들겨 내쫓는다. 술시(7시부터 9시까지의 동안)가 되어 깜깜해진다. '그'는 불을 켜려고 성냥을 찾던 중 낡은 옷 뭉치에서 쥐가 나오자 자신의 경솔한 행동에 후회를 한다. 그제야 자기 잘못을 깨닫고 아내를 찾아 나섰으나 다음날 바닷가에서 시체로 발견되었다. 동생은 형수의 장사를 지낸 후 집을 나가 행방이 묘연하다. 결국 형은 그 사무치는 회한을 이기지 못해 20년 동안 배따라기 노래를 부르며 떠돌이 뱃사람이 된 동생을 찾아 방랑을 계속하게 된다. 10년을 지나서, 9년 전 가을 배는 몹시 부는 바람으로 부서지고 '그'는 정신을 잃고 물위를 떠돌다 겨우 정신을 차려 보니 뭍 위에 있었다. 그런데 놀랍게도 그 옆으로 동생이 불을 피워 놓고 간호를 한다. '그'는 어떻게 여기 왔느냐고 동생에게 묻자 그저 다 운명이라고 한마디 말을 남긴 채 환

상처럼 떠나 버린다. 그리고 다시 10년 세월을 유랑하지만 동생을 다시 만나지는 못했다고 한다. 그날 밤 '나'는 '그'의 숙명적 경험담이 귀에 쟁쟁히 울려 잠을 이룰 수가 없었다. 다음날 아침 대동강으로 나갔지만 '그'의 모습은 보이지 않았다.

▶ 인물의 성격

형: 어촌에서 부자였으며 배따라기를 잘 부르는 대표적인 인물(아내를 죽게 하고 동생이 떠나자 그를 찾아다님)

동생: 외모가 준수하고 다정다감함(형의 오해로 형수가 죽자 뱃사람이 되어 떠돌아다님)

형수: 애교가 있으면서도 성미가 급함(남편의 의심을 받고 자살함)

나: 작중 서술자

▶ 핵심 정리

* 갈래: 단편 소설, 액자 소설
* 배경: 시간적→ 일제 강점기, 공간적→ 대동강과 영유 근처
         (가장 중요한 상황적 배경은 '바다')
* 경향: 유미주의적
* 주제: 형제간의 인간적인 회한과 훼손된 삶을 통한 한(恨)의 정서

* **시점**: 외부 이야기(1인칭 관찰자 시점)

　　　　내부 이야기(전지적 작가 시점)

* **출전**: 창조(1921)

➤ 구성

액자 구성

도입(prologue): '나'가 '그'를 만남

* **발단**: '그'의 형제가 영유에서 삶

* **전개**: 동생에게 친절하다는 이유로 아내를 자주 괴롭힘

　　　　('그'의 질투)

* **위기**: 쥐잡이 사건과 오해(아내를 때려서 내쫓음)

* **절정**: 아내의 자살로 동생이 고향을 떠남

* **결말**: 동생을 찾아 방랑함

종결(epilogue): '나'를 위해 배따라기를 한 번 더 부르고

　　　　'그'가 떠남

⊙ 주요 저서: 감자/광화사/광염 소나타/붉은 산/

　　　　발가락이 닮았다

※배따라기: ①우리 나라 서도 잡가(西道雜歌)의 하나 ②'배떠나기'의 와전(訛傳)된 방언으로, '선이(船離)' 또는 '선유(船遊)'의 뜻

복덕방/이태준

▶ 줄거리

안 초시는 집 앞 울타리 밑 수채 구멍으로 흘러나오는 뿌연 뜨물과 호박 꼭지, 계란 껍질, 녹두 껍질 등을 보고 추석이 내일 모레임을 안다. 그리고 담배 값도 없는 형편에 뭔가 수가 생길 것이라는 꿈을 꾼다.

매일 같이 서 참의네 복덕방에는 안 초시와 박희완 영감이 나와 소일을 한다. 서 참의는 구한말 참의로 봉직했던 무관 출신이다. 일제 합병 후에는 사람들의 도시 진출로 부동산이 호황을 누리자 가회동에 수십 칸짜리 집을 짓고 창동에 땅도 장만한다. 그러나 지금은 그저 밥을 먹고 살 정도의 수입이 있을 뿐이다. 박희완 영감은 훈련원 시절 서 참의의 친구로 대서소를 차리려고 속수 국어 독본(일본 책)을 열심히 공부한다. 그런가 하면 안 초시는 무용가인 딸 경화에게 용돈이나 얻어 쓰는 처지로 그녀의 짐이 될 뿐이다. 그는 조그만 농담에도 뽀로통해 며칠씩 복덕방에도 나오질 않는다. 그러던 중 박희완 영감으로부터 황해 연변에 제2의 나진이 생긴다는 이야기를 듣고 딸에게 말한다. 딸은 관심을 보였고 사위 녀석 격인 청년을 내세워 땅을 구입한다. 안 초시는 돈한 푼 만져 보지 못하지만 일이 제대로 되면 그중에 얼마는

185

떨어질 것이라고 기뻐한다. 그러나 1년이 지나도 새로운 항
구는 건설되지 않는다. 결국 박 영감에게 부동산 정보를 준
사람이 자신의 땅을 처분하기 위해 벌인 사기극임이 밝혀진
다. 이것에 충격을 받은 안 초시는 딸에게도 봉변을 당하자
복덕방에서 자살을 한다. 서 참의는 안 초시의 죽음을 딸에
게 알렸고, 딸 경화는 자신의 명예가 훼손될 것을 우려해 경
찰에 알리기를 꺼린다. 서 참의는 딸이 보험에 든 걸 알고
있기 때문에 죽은 자에게 평생 소원이던 속 셔츠를 입혀 주
고 그 위에 좋은 수의를 입히라고 말을 한다. 딸의 무용 연
구소 마당에서 영결식이 열렸다. 그리고 제법 반반한 딸의
조문객들이 분향을 끝낼 무렵, 서 참의는 조사(남의 상사에 조의를
나타내는 글이나 말)를 한다. 그리고 박희완 영감과 묘지까지 갈까
했으나 거기 모인 사람들이 마음에 들지 않아 도로 술집으로
간다.

▶ 인물의 성격

안 초시: 서 참의의 복덕방에서 소일하는 늙은이로 부동산
　　　　투기에 실패하자 자살함
서 참의: 구한말 훈련원 참의를 지낸 인물로 복덕방의 주인
박희완 영감: 복덕방에 자주 나오는 서 참의의 친구로 대서업을
　　　　준비함

안경화 : 유명한 무용가로 안 초시의 딸(현실적이면서도
　　　　이기적임)

▶ **핵심 정리**
* 갈래: 단편 소설
* 배경: 시간적→ 1930년대
　　　　공간적→ 서울의 한 복덕방
* 경향: 사실적, 현실 고발적
* 주제: 쇠락해 가는 노인들의 소외된 삶과 죽음
* 시점: 전지적 작가 시점
* 출전: 조광(1937)

▶ **구성**
* 발단: 안 초시의 일상 이야기
* 전개: 복덕방 주인 서 참의의 과거와 현재
* 위기: 박희완 영감의 소개로 딸에게 부동산 투자를 하게
　　　　하는 안 초시
* 절정: 사기극으로 밝혀진 부동산 투자
* 결말: 안 초시의 자살과 그의 장례식에 참석한 두 노인의
　　　　냉소
⊙ 주요 저서: 돌다리/까마귀/달밤

봄봄/김유정

▶ 줄거리

'나'의 아내가 될 점순이는 열여섯 살인데도 불구하고 키가 너무 작다. '나'는 점순이보다 나이가 십 년이 더 위이다. 장인의 집에서 3년 7개월 동안 새경(사경)도 없이 머슴살이를 하지만 자기의 딸이 미처 키가 자라지 않았다는 이유로 결혼을 미룬다. 순진하고 우직한 '나'는 점순이가 얼른 커 주었으면 하고 치성을 드린다. 어제 화전(산이나 들에 불을 지른 다음 파고 일구어 농사를 짓는 밭)에 갈 때 점순이는 밤낮 일만 할 것이냐고 쏘아붙인 뒤 얼굴이 발개져서 산으로 도망친다. '나'는 그녀의 뒷모습을 덤덤히 바라본다. '나'는 구장 댁으로 장인을 끌고 가 결혼 문제를 이야기 한다. 구장은 빨리 결혼을 시켜 주라고 장인에게 말하지만 장인은 점순이가 덜 컸다는 핑계를 댄다. 그러던 어느 날 밤, 친구인 뭉태에게서 내가 주인의 세 번째 데릴사윗감이며, 재작년 가을에 시집 간 주인의 맏딸이 머슴 대신으로 데릴사위를 열 명이나 갈아치웠다는 사실을 알려 준다. 더욱이 점순이가 성을 내는 마당에 어떻게든지 결판을 내려고 '나'는 지게를 벗어 던지고 바깥마당 공석(벼를 담지 않은 빈 섬) 위에 드러눕는다. 장인은 징역을 보내겠다고 겁을 주지만 징역 가는 것이 병신이란 말을 듣는 것보다 낫다고 생각한 '나'는 그저 말대꾸만 한다. 화가 난 장인은 작대기로 쿡쿡 찌르고, 발길로 옆구리를 차고, 볼기짝을 후려갈긴다. 점순이가 아까부터 부엌 뒤 울타리 구멍으로 쳐다본다. '나'는 점순이가 말한 대로 장인의 수염을 잡아챈다. 약이 바짝 오른 장인이 나의 바짓가랑이를 잡고 늘어진다. 내가 거의 까무러치자 장인은 나의 바짓가랑이를 놓아준다. 내가 엉금엉금 기어가서 다시 장인의 바짓가랑이를 꽉 움키자 장인은 할아버지를 부르다 못해 점순이를 불렀고, 그녀는 헐레벌떡 달려들어 내 귀를 뒤로 잡아당기며 울었다. 장모도 덤벼들어 한쪽 귀마저 뒤로 잡아채며 운다. '나'의 편인 줄 알았던 점순이가 내 얼굴만 멀거니 들여다본다.

➤ 인물의 성격

'나'(주인공: 26세): 순박하고 어리석지만 점순이를 얻기 위해
      데릴사위 머슴(새경도 없이 일함)이 됨

장인(봉필: 욕필이): 딸만 셋을 둔 마름(지주의 위임을 받아 소작지를
      관리하던 사람)으로 '나'의 장인이 될 사람(혼인을 빙자해
      노동력을 착취함)

점순(16세): '나'의 배우자가 될 여자로 키가 작음('나'와 장인
      간에 싸움을 붙이고 결국 장인의 편에 섬)

뭉태: '나'의 행동을 부추김

▶ 핵심 정리

* 갈래: 단편 소설, 농촌 소설, 향토적 소설
* 배경: 시간적→ 1930년대 봄
　　　　공간적→ 강원도 어느 산골 마을
* 경향: 해학적, 풍자적, 토속적
* 주제: 농촌 사회의 구조적 모순과 부조리한 현실 풍자
* 시점: 1인칭 주인공 시점
* 문체: 토착어를 사용한 간결체
* 출전: 조광(1935)

▶ 구성

단순 구성, 역순행적 구성('나'의 회상에 의한 과거와 현재가
교차됨)

* 발단: '나'는 점순이와 결혼을 하기 위해 새경도 없이
　　　　머슴살이를 함
* 전개: '나'와 장래 장인 사이의 갈등이 점차 심각해져 감
　　　　(뭉태의 충동질과 점순이의 말이 요인)
* 절정: '나'와 장래 장인이 될 봉필과 바짓가랑이를 잡고
　　　　싸움
* 결말: '나'와 장래 장인 사이에 화해가 이루어짐
　　　　(절정 부분에 포함됨)

190

※ '절정'과 '결말'이 비슷한 구성 방법을 취할 경우 '절정' 부분의 긴장감과 해학성의 효과가 떨어지기 때문에 결말을 '절정' 부분에 포함시키는 변칙적 구성 방법을 씀

⊙ 주요 저서: 노다지/ 금 따는 콩밭/만무방/ 동백꽃/
　　　　　　소낙비/따라지

사평역/임철우

▶ 줄거리

　30분이 지나도 막차가 오질 않자, 다섯 명의 승객이 국민학교(초등 학교) 교실만한 크기의 대합실에서 열차를 기다린다. 이렇게 작은 산골 간이역에서 제 시간에 맞춰 도착하는 완행열차를 본다는 것은 그리 쉬운 일은 아닐 것이다. 더구나 오늘은 눈까지 내린다. 형편없이 낡아빠진 톱밥 난로에는 톱밥이 타들어가면서 빨간 불빛을 내비친다. 저마다의 손바닥들을 불빛 속에 적셔 두고 망연한 시선을 난로 위에 모은 채 모두들 아무 말이 없다. 농부는 눈 오는 날에 병원에 가자는 아버지에게 짜증이 나다가도 아버지의 고통을 생각하면 죄스러운 마음이 든다. 중년의 사내는 낯선 시골 역에 앉아 있는 이 순간이 정작 자기가 빼앗긴 지난 12년의 세월이 아니라 오히려 그 푸른 제복과 잿빛 담벼락과 퀴퀴한 냄새로 얼룩진 사각형의 좁은 공간일지도 모른다는 생각에 문득 감방에 있었던 허씨가 생각난다. 학생운동사건으로 얼마 전 학교에서 제적된 점퍼 차림의 대학생 그리고 대합실 의자에 누워있는 미친 여자, 그 뒤를 이어 서울의 뚱뚱한 중년 여자와 무작정 상경했다 돌아온 춘심이(옥자), 시골 보따리장수 여편네 둘이 대합실로 들어온다. 청년은 판사를 희망하는 부

192

모와 형제들 앞에서 차마 제적당했다는 말을 할 수가 없다. 춘심이는 청년을 보면서 대학생이란 존재를 부러워한다. 서울에서 음식점을 하는 중년 여자는 주방에서 일하다 없어진 사평댁을 찾으러 왔다가 다 죽게 된 그녀를 보자 혼내 주기는커녕 돈을 다 주고 오는 길이다. 중년의 사내는 허씨의 부탁으로 그의 칠순 노모를 찾으러 왔으나 이미 죽은 지 5년이 넘었다는 소식을 들었을 뿐이다. 사평역을 경유하는 야간 완행 열차가 막상 도착했을 때 승객들은 반가움보다는 차라리 피곤함과 허탈감에 젖은 모습으로 열차에 오르고, 늙은 역장은 흰눈을 맞으며 깃발을 흔들어 출발 신호를 보낸다. 이어 열차는 천천히 미끄러져 가고 이제 대합실에 남은 사람은 미친 여자 하나뿐이다. 그녀에게 걱정스러운 마음이 든 역장은 눈이 많이 올 것을 염려하여 교대 전에 톱밥을 가지러 사무실로 간다. 눈은 밤새 내릴 모양이다.

▶ 인물의 성격

역장: 직원 둘과 함께 지내는 마음씨 좋은 늙은 사평역장
노인: 지병과 천식 때문에 읍내 병원을 가려고 역에 나옴
농부: 노인의 아들로 30대 중반(가혹한 현실을 벗어나지 못함)
중년 사내: 40대로 젊은 시절을 감방에서 보냄(희망을 가짐)
대학생(청년): 가난한 오씨 집안의 6형제 중 맏이(아버지는

판사가 되기를 원하나 학생운동사건으로 제적당함)

미친 여자: 오갈 데도 없는 여자로 간혹 이곳을 찾는 공짜 승객

뚱뚱이 서울 여자: 두 아들을 둔 과부로 서울의 식당 주인

    (허영심이 많고 삶의 의미가 돈인 여자)

춘심이(옥자): 스물 대여섯 먹은 아가씨로 중학을 졸업한 후

    무작정 상경해 술집 일을 하나, 고향 식구들에게는

    화장품 회사에 다닌다고 거짓말을 함

아낙1, 2: 열차를 교통 수단으로 행상을 하는 여인들

사평댁: 서울 여자네 집에서 일을 함(30만 원을 훔쳐 도망침)

▶ 핵심 정리

* 갈래: 단편 소설, 서정 소설
* 배경: 시간적→ 산업화 시기(1970~1980년대)

        공간적→ 눈이 내리는 저녁, 사평역 대합실

* 경향: 서정적, 회상적
* 주제: 간이역의 대합실 정경과 그 속에서 나누는 삶에

      대한 회상과 성찰

* 시점: 전지적 작가 시점 * 문체: 서정적인 문체
* 출전: 무크(민족과 문학, 1983), 아버지의 땅에 수록됨

      (문학과 지성사, 1984)

⊙ 주요 저서: 아버지의 땅/붉은 방

붉은 산/김동인

▶ 줄거리

이 이야기는 여('나')가 만주를 돌며 그들에게 퍼져 있는 병을 조사할 겸 일 년을 기한으로 유랑할 때 조선 사람 소작인들만이 모여 사는 ○○촌에 이른다. 사방을 둘러보아도 산하나 볼 수 없는 광막한 벌판에 조선 사람 소작인들만이 이십여 호 모여 사는 ○○촌 사람들은 무던하고 정직하며 글깨나 읽은 사람들이다. 이 마을에 삵이라는 별명을 가진 정익호가 흘러 들어온다. 그는 출신도 고향도 불분명하다. 그는 지극히 불량하고 난폭할 뿐만 아니라 얼굴 생김이나 행동거지가 남의 이맛살을 찌푸리게 할 정도로 미움을 산다. 그가 잘하는 것은 투전, 싸움, 트집잡기, 칼부림, 색시 희롱하기 등등 온갖 못된 짓을 다 한다. 집이 없는 그지만 누구의 집이라도 그가 들어가면 그 집 주인은 두말없이 잠자리와 조반을 마련해 준다. 만약 누구든지 그의 청에 응하지 않으면 그는 트집을 잡아 칼부림을 한다. 삵은 이 마을의 커다란 암적인 존재이다. 아무리 일손이 부족한 때라도 삵 때문에 건장한 젊은이 몇 사람은 마을의 부녀자를 지키기 위해 마을 안에 머물러 있어야만 한다. 이런 삵을 마을 사람들은 몇 번이고 모여서 내쫓기로 결의한다. 그러나 선뜻 나서는 사람이 없다. 여('나')가 OO촌을 떠나기 전날, 그 해 소출을 나귀에 싣고 송 첨지가 만주인 지주에게 갔는데 소출이 적다는 이유로 매질을 당한 뒤 죽는다. 송 첨지를 위하여 OO촌의 사람들은 원수를 갚자고 흥분하나 막상 지주와 맞서려는 사람은 없다. 여('나')는 의사라는 직업상 송 첨지의 시체를 부검하고 돌아오는 길에 삵을 만나 송 첨지의 죽음을 알린다. 이 이야기를 마치고 여('나')가 발을 떼려는 순간 삵의 얼굴에는 비장함이 엿보인다. 여('나')는 만리 타향에서 학대받는 인종의 가엾음을 생각하고 그날 밤 잠을 이루지 못한다. 삵이 죽어 간다고 깨우러 온 마을 사람들의 소리에, 여('나')는 반사적으로 눈살을 찌푸리면서 일어난다. 동구 밖의 밭고랑에 피투성이가 된 채로 버려져 있는 삵을 응급 조처한 후, 그 누구도 감히 하지 못한 항변을 그가 지주에게 했다는 것을 알게 된다. 삵(정익호)은 죽어가면서 붉은 산(조국 산하)과 흰옷(겨레: 민족에 대한 애정과 향수)을 보고 싶다 한다. 그러면서 애국가를 불러 달라고 애원한다. 광막한 겨울의 만주벌 한편 구석에서는 밥벌레 삵(정익호)의 죽음을 애도하는 숭엄한 노래가 차차 크고 엄숙하게 울려 퍼지며 정익호의 몸은 점점 식어간다.

➤ 인물의 성격

여(서술자인 '나'): 의사로서 의학 연구를 하는 사람
　　　(만주 벌판을 돌며 동족의 생활상을 체험함)
삵(정익호): 동족을 못살게 하는 인물(송 첨지의 죽음을 통해
　　　자신을 깨닫고 만주인 지주에게 항변함)
송 첨지: 조선 사람으로 소작인 대표(만주인 지주에게
　　　소출이 적다는 이유로 매질을 당한 뒤 죽음)

➤ 핵심 정리

* 갈래: 단편 소설, 민족주의 소설, 액자 소설
* 배경: 시간적→ 일제 강점기
　　　　공간적→ 만주 OO촌(조선에서 이주해 온 소작인들이
　　　　사는 곳)
* 경향: 민족주의적
* 주제: 일제 강점기 만주에서 고통을 받는 우리 민족의
　　　생활상과 민족애
* 시점: 1인칭 관찰자 시점
* 출전: 삼천리(1932)

➤ 구성

도입(prologue): 여('나')가 만주 OO촌에서 체험한 것을
　　　　　　서술함

* 발단: 정익호(삵)가 OO촌에 나타남

* 전개: 마을 사람들이 삵을 싫어하여 내쫓고자 하나
　　　　어찌하지 못함

* 위기: 송 첨지가 소출을 가지고 지주에게 갔다가 소출이
　　　　적다는 이유로 매를 맞아 죽음

* 절정: 지주에게 항변하러 갔던 삵이 피투성이가 되어
　　　　돌아옴

* 결말: 애국가가 울려 퍼지는 가운데 삵이 죽어감

⊙ 주요 저서: 감자/배따라기/광화사/광염소나타/발가락이
닮았다

산/이효석

▶ 줄거리

산에 오르니 가까이에 있기만 한 하늘이 멀어지고 산속은 고요하나 분주함으로 아름다운 세상이다. 나무 향기는 마을에서 찾아볼 수 없는 향기이다. 산과 몸은 그런 것과 한데 어우러져 하나가 된다. 산이 대답하고 나뭇가지가 고갯짓한다. 또 하나 그 소리에 대답하는 오색 날개 장끼가 까투리의 꽁지를 쫓아 나르니 맑은 하늘은 찬란하다. 산은 마을 보다 몇 곱절 살기가 좋다. 산에 들어오기를 잘했다고 '중실'은 생각한다. 세상에 머슴살이 같은 빈털터리는 없다. '중실'은 김 영감과 싸우려고 싸운 것이 아니라 김 영감의 등글개첩(늙은이가 데리고 사는 젊은 첩)을 건드렸다는 오해를 사 결국에는 그 집에서 쫓겨난다. 김 영감 집에서 7년간의 머슴살이를 한 '중실'이지만 갈 곳이 없게 되자 그 가엾은 영감을 뒤로 한 채 빈 지개를 걸머지고 산으로 간다. 그 넓은 산은 자신을 배신하지 않고 보듬어 주리라 생각하기 때문이다. 그는 산을 헤매다가 운 좋게도 벌집을 찾아내어 꿀을 얻었고, 산불로 인해 불에 그을린 노루 한 마리를 양식으로 얻어 여러 날 동안 흐뭇하다. 다만, 한 가지 아쉬운 것은 소금이었다. 사람은 그립지 않으나 소금이 그립다. 어느 날 그는 나뭇짐을 지고 이십 리 길을 걸어 장이 끝날 무렵에야 간신히 나무를 팔아 감자, 좁쌀, 소금, 냄비를 산다. 여기서 '중실'은 박 서방으로부터 우연히 김 영감 소식을 듣게 되는데, 기어코 둥글개 첩은 서기 최씨와 줄행랑을 놓았다. 그는 고시랑고시랑(군소리를 좀스럽게 자꾸 늘어놓는 모양) 잠 못 이룰 육십 노인을 위로하고 싶었으나 그냥 물건들을 지게에 지고 다시 산으로 향한다. 개울가에서 서투른 솜씨로 밥을 해 먹고 나니 저녁이 이슥하다. 문득 '중실'은 이웃에 살던 용녀를 데려다 밥하는 일을 맡길 수밖에 없다고 생각한 후, 그녀와 농사를 지으며 사는 것을 상상을 해본다. 그리고 그는 쌓인 낙엽을 둥지삼아 얼굴만을 빠끔히 내놓은 채 잠을 청한다. 하늘의 별이 와르르 얼굴 위에 쏟아질 듯싶다. 별을 세는 동안 '중실'은 제 몸이 스스로 별이 됨을 느낀다.

▶ 핵심 정리

* 갈래: 단편 소설, 순수 소설
* 배경: 시간적→ 어느 해 가을, 공간적→ 어느 산
* 경향: 낭만적, 서정적
* 주제: 자연과 동화되는 과정에서 찾는 인간의 소박한 삶
* 시점: 전지적 작가 시점
* 주요 저서: 메밀꽃 필 무렵/들

소나기/황순원

▶ 줄거리

소년은 서울에서 온 윤 초시의 증손녀를 알아본다. 그러던 어느 날 소녀가 징검다리 한가운데 앉아서 물장난을 친다. 소년은 개울 둑에 앉아서 소녀가 비켜 주기만을 기다린다. 다행이도 지나가는 사람이 있어 소녀가 길을 비켜 준다. 오늘도 어제처럼 개울을 건너는 사람이 있어야 길을 비킬 모양이다. 그때 소녀는 물 속에서 하얀 조약돌 하나를 집어 들고 징검다리 위를 팔짝팔짝 뛰어가더니 '이 바보' 하며 소년 쪽을 향해 조약돌을 던지고는 단발머리를 나풀거리며 갈밭 사이 길로 사라진다. 소년은 조약돌을 집어 주머니에 넣는다. 그렇게 지내던 어느 날 그 개울가에서 둘은 다시 만나고 소녀는 비단조개를 꺼내 보이며 말을 건다. 그리고 걸음을 멈추며 저 산 너머에 가 본 일 있느냐며 벌 끝을 향한다. 소녀는 허수아비도 흔들어 보고, 수숫단을 세워 놓은 밭머리를 지나 무 밭에서 무도 뽑아 먹으면서 단풍이 있는 산으로 달린다. 소년은 소녀에게 꽃을 꺾어 준다. 소녀도 소년에게 꽃을 꺾어 주려다 그만 미끄러져 무릎에 피가 흐른다. 그러자 소년은 자신도 모르게 상처 부위에 입술을 가져다 대고 빨아 낸 다음 상처에 송진을 발라 준다. 그리고 소년은 소녀가 흉

201

내내지 못할 자기만이 할 수 있는 송아지 타기를 한다. 덩달아 소녀도 즐거워한다. 그때 갑자기 소나기가 내린다. 원두막으로 소년과 소녀는 비를 피한다. 소년은 입술이 파랗게 질려 있는 소녀를 위해 수수밭 쪽으로 달려가 수숫단을 덧세워 자리를 만든 다음 소녀를 부른다. 좁디좁은 수숫단 속에서 그들은 서로를 위하려는 마음이 생기자 서먹했던 거리감도 사라진다. 돌아오는 길에 물이 엄청나게 불었다. 소년이 등을 내밀자 순순히 등에 업힌 소녀는 소년의 목을 끌어안고 물을 건널 수 있었다. 그 후 소년은 소녀가 보이지 않자 소녀를 그리워하며 주머니 속 흰 조약돌을 만지작거린다. 그 동안 소녀의 얼굴은 소나기를 맞은 탓에 핼쑥해진 모습이다. 소녀는 자신의 분홍빛 스웨터 앞자락을 내려다보면서 '그날 도랑을 건널 때 내가 업힌 일 있지? 그때 네 등에서 옮은 물이다' 라고 하자 소년은 얼굴을 붉힌다. 소녀는 아침에 땄다는 대추를 한줌 주며 곧 이사할 거라는 소식을 전한다. 그날 밤 소년은 덕쇠 할아버지의 호두밭에서 몰래 호두를 따다가 소녀에게 맛보일 생각이다. 그러나 다시 만날 약속을 하지 못한 것에 대한 아쉬움으로 잠을 못 이룬다. 아버지가 마을에서 언제 돌아왔는지 소녀가 죽었다는 소식을 전한다. 그런데 그 소녀가 죽기 전에 자기가 입던 옷을 꼭 그대로 입혀서 묻어 달라고 유언을……

➤ 인물의 성격

소년: 순박한 시골 소년

소녀: 윤 초시의 증손녀로 아름답고 발랄한 도시 소녀

➤ 핵심 정리

* 갈래: 단편 소설, 성장 소설, 순수 소설
* 배경: 시간적→ 어느 여름에서 가을까지
     공간적→ 어느 농촌(양평)
* 주제: 이성에 눈떠 가는 사춘기 소년 소녀의 순수한 사랑
    이야기
* 시점: 작가 관찰자 시점(부분적으로 전지적 작가 시점)
* 문체: 간결하고 평이한 문체
* 출전: 신문학(1953)

➤ 구성

* 발단: 개울가에서 소년과 소녀가 만남
* 전개: 소년과 소녀가 산에 놀러 갔다 친숙해짐
* 위기: 소나기를 만나 소녀가 병에 걸림
* 절정: 다시 만난 소년과 소녀가 기약도 없이 헤어짐
* 결말: 소녀가 죽음
⊙ 주요 저서: 학/별/독짓는 늙은이/목넘이 마을의 개

수난 이대/하근찬

➡ 줄거리

아무개는 전사 통지가 왔다. 박만도도 3대 독자인 아들 진수가 살아서 돌아온다는 통지를 받자 몹시 마음이 바쁘다. 기차는 점심 무렵에나 도착한다는 것을 알면서도 그는 일찍 정거장으로 간다. 아들이 병원에서 나온다 하니 걱정이 되지 않는 것도 아니지만 설마 자기처럼 되지 않았기를 바라면서 한쪽 팔이 없는 자신을 본다. 그리고 아들을 만난다는 생각에 걱정을 뒤로 한 그는 시간이 빨리 갔으면 한다. 언젠가 술에 취한 몸으로 외나무다리를 건너다가 그만 물에 빠져 옷이 젖자, 지나가는 사람들이 자신을 볼까 창피스러웠던 과거가 떠오르니 이내 웃음이 터진다. 정거장을 들르기 전 읍들머리 장에서 만도는 진수에게 주려고 고등어 한 손을 산다. 그리고 대합실에서 아들을 기다리는 동안 자신이 겪은 십이삼 년 전의 일을 하나하나 회상한다.

그는 일제의 강제 징용으로 고향을 떠나 모기 떼와 무더위가 기승을 부리는 남양의 어느 섬에 도착한다. 그리고 비행장 닦는 일에 곧바로 동원된다. 비행장이 완성되자 이번에는 산허리에 굴을 파는 일에 동원된다. 여기서 만도는 다이너마이트에 불을 붙이고 굴에서 나오다가 연합군의 공습이 시작되는 바람에 몸을 되돌려 굴속으로 피하려다 그만 다이너마이트가 터져 팔을 잃게 된다.

산모퉁이를 돌아 기차 소리가 들리자 만도는 앉았던 자리를 털고 일어선다. 기차가 역에 도착하고 사람들이 꾸역꾸역 내리기 시작한다. 어찌된 영문인지 아들의 모습이 보이질 않자 만도는 사방을 두리번거린다. 그때 뒤에서 아부지 하고 부르는 소리에 깜짝 놀라 뒤를 돌아본다. 그의 눈에 비친 아들의 모습은 두 개의 지팡이와 함께 한쪽 바짓가랑이만이 펄럭인다. 박만도는 현기증과 함께 두 눈에 뜨거운 것이 핑 돈다. 두 사람은 집으로 향하면서 앞서거니 뒤서거니 하다 진수는 자신의 걸음이 뒤로 처지자 애써 눈물을 참는다. 주막에 이르자 만도는 술을 마시고 진수에게는 국수를 시켜준다. 주막을 나선 그들 부자는 논두렁을 걷는다. 아들이 이런 꼴로 어떻게 세상을 살아가겠느냐고 하소연한다. 그러자 만도는 팔이 없는 자신도 잘만 산다며 아들을 위로하고 격려한다. 개천이 있는 외나무다리에 이르자 만도는 난처해 하는 진수를 보고 대뜸 등에 업히라고 한다. 진수는 지팡이와 고등어 묶음을 양쪽 손에 들고 아버지의 굵은 목을 끌어안으며 슬그머니 등에 업힌다. 만도는 외나무다리 위로 조심스럽게 발을 내디디면서 아들의 신세가 똥 같다고 생각한다. 만도는 아직 술기운이 있었으나 용케 몸을 가누고 외나무다리를 조심조심 건넌다. 눈앞에 우뚝 솟은 용머리재가 이 광경을 가만히 내려다본다.

➤ 인물의 성격
박만도(아버지): 일제 강점기 징용으로 왼팔을 잃음(수난의 아픔을 극복하려 하는 긍정적이고도 낙천적인 인물)
박진수(박만도의 삼대 독자): 6.25 동란에 참전했다가 한 쪽 다리를 잃음(고난을 감수하려 하는 의지의 인물)

➤ 핵심 정리
* 갈래: 단편 소설, 가족사 소설, 본격 소설, 전후 소설
* 배경: 시간적→ 일제 강점기부터 6.25 전쟁까지
　　　　공간적→ 6.25 직후의 조그만 시골
* 경향: 사실적
* 주제: 수난으로 일관된 역사의 비극적 단면과 극복 의지
* 시점: 전지적 작가 시점과 작가 관찰자 시점 혼용
* 문체: 간결체
* 출전: 한국일보 신춘 문예 당선작(1957)

➤ 구성
* 발단: 6.25 전쟁 후 살아서 돌아오는 아들을 마중하기 위해

역전으로 감

* **전개:** 박만도가 일제 강점기 징용 과정에서 한 팔을 잃은
　　자신의 과거를 회상함

* **위기:** 박만도는 불구가 된 아들을 보고 비애와 좌절을
　　느낌

* **절정:** 외나무다리에서 외팔이 아버지가 외다리 아들을
　　업고 건넘

* **결말:** 용머리재가 부자를 내려다 봄

⊙ 주요 저서: 나룻배 이야기/흰 종이 수염)/왕릉과 주둔군

수라도/김정한

➡ 줄거리

분이는 가야 부인의 손녀이다. 할머니의 임종을 지켜보며 분이는 할머니의 젊은 시절을 회상한다. 가야 부인은 한일 합방이 되던 해에 김해의 명문 집안인 허 진사 댁으로 시집을 온다. 시할아버지 허 진사는 벼슬을 거절한 채 일제의 탄압에 맞서 간도로 떠난다. 시아버지 오봉 선생은 엄정하고 추상같은 성격이나 가야 부인에게는 자상하였다. 시어머니는 모든 것을 며느리에게 맡긴 상태인데 더욱이 남편 명호 양반마저 내성적이고 소극적이라 적극적인 가야 부인이 집안일들을 꾸린다.

만세 사건이 터지자 야학을 위해 서간도로 간 시할아버지는 끝내 유골이 되어 돌아온다. 다음 해 3.1운동에 가담한 시동생 밀양 양반도 일제의 총칼에 죽고, 오봉 선생은 한산도 사건으로 고초를 겪는다.

시할아버지 허 진사의 제사를 위해 전날 장을 보고 오다가 우연히 가야 부인은 산기슭에서 돌미륵을 발견한다. 그곳에 조그만 미륵당을 지어 모시려 했지만 뜻을 이루지 못하자 마음의 병을 얻는다. 시어머니는 남편 오봉 선생에게 생전 처음이자 마지막으로 사랑방에 있는 오봉 선생을 찾아가 그녀에 대한 이야기를 한다. 하지만 유교 집안인 오봉 선생은 호통과 함께 부인을 사랑방에서 쫓아낸다. 가야 부인은 시집을 간 딸이 죽자 집안 몰래 사위를 시켜 화장을 시킨다. 그리고 절을 짓지 못하게 하면 머리를 깎고 중이 되겠다고 말을 한다. 한편 절을 짓기로 한 사위가 서둘러 절을 마무리할 쯤 오봉 선생이 구금되고 그 후유증으로 인해 죽게 된다.

해방 후 사람들은 가야 부인의 집안이 잘될 거라고 쑤군댔지만 친일파가 득세하는 것은 예나 지금이나 변함이 없었다. 손녀 분이는 할머니 가야 부인의 임종을 지키면서 스님의 나지막한 불경 소리를 듣는다. 그때 멀리서 일정한 간격을 두고 포성이 들려온다.

▶ **인물의 성격**

가야 부인: 현모양처로서 인고의 표상임(전통적 여인상)

오봉 선생: 가야 부인의 시아버지이자 허 진사의 아들(독립운동을 한 우국지사로서 민족의 기상과 절개를 드높임)

이와모도 참봉: 돈으로 참봉 벼슬을 삼(광복 후에는 아들이 국회의원까지 됨)

허 진사, 명호 양반, 시동생, 옥이, 박 서방, 막내아들: 가야 부인의 삶을 구성하는 인물들(한과 설움의 동기를 만들어 줌)

➤ **핵심 정리**

* 갈래: 중편 소설
* 배경: 시간적→ 일제 강점기부터 6.25 전쟁 전까지
　　　　　공간적→ 김해의 어느 농촌
* 주제: 4대에 걸친 가족의 수난사를 통해 비틀거림의
　　　　역사적 과제와 현대사의 파행을 그림
* 시점: 작가 관찰자 시점(전지적 작가 시점 혼용)
* 출전: 월간 문학(1969)

➤ **구성**

* 발단: 분이의 회상
* 전개: 시할아버지의 죽음과 시동생의 죽음으로 집안이
　　　　흔들림
* 위기: 시아버지 오봉 선생이 투옥에 이은 후유증으로 사망
* 절정: 절을 짓지 못하게 하면 출가하겠다는 가야 부인의 말에
　　　　말에 사위 박 서방이 절을 지음
* 결말: 광복 후 쇠락한 가문에 이어 가야 부인이 죽음

⊙ 주요 저서: 제3병동/인간 단지/사하촌/모래톱 이야기

술 권하는 사회/현진건

▶ 줄거리

홀로 바느질을 하던 아내는 바늘 끝에 왼손 엄지손가락 손톱 밑이 찔리자 아야! 하며 가늘고도 날카로운 소리를 낸다. 방안은 텅 비어 있고 주변은 고요한데 남편은 새벽 한 시가 되어도 돌아오지 않는다.

7, 8년 전 남편은 중학을 마치고 결혼하자마자 곧바로 동경으로 가 대학까지 졸업한 지식인이다. 이 길고 긴 세월 그리움과 기대감으로 살았다. 그러나 남편은 여러 달이 지나도 돈벌이를 하기는커녕 언제나 밖으로 나돈다. 아내는 남편 뒷바라지를 하면서 언젠가는 우리도 잘 살 날이 있을 거라는 생각을 한다. 공부가 무엇인지는 몰라도 그것이 도깨비의 부자 방망이 같아서 무엇이든지 다 얻을 수 있을 것이라는 희망이 있다 그래서 비단 옷 입고 금가락지 낀 친척들도 부러워하지 않았고 도리어 경멸하는 시선을 보낸다. 남편이 돌아와 한 달이 지나고 두 달이 지나도 벌기는 고사하고 집안 돈을 쓰면서 어디인지 분주히 돌아다닌다. 그리고 집에 들면 정신없이 책을 읽던지 밤새도록 무엇인가를 쓴다. 또 두어 달 지났지만 남편의 하는 일은 늘 그 모양이었다. 그리고 무슨 근심이 있는 듯 얼굴을 펴지 못한 채 몸

만 나날이 여위어 간다. 그 여윈 것을 보충하려고 아내는 몸에 좋다는 음식들을 만들어 준다. 그러나 남편은 입맛이 없다고 그것을 잘 먹지도 않는다. 또 몇 달이 지나갔다. 바깥 출입을 뚝 끊고 걸핏하면 성을 낸다. 어느 날 새벽, 잠자리에 있던 남편이 없자 아내는 부스스 깬다. 남편은 책상 위에 머리를 쓰러뜨리고 흐느낀다. 아내는 불현듯이 일어나 왜 우느냐고 물었다. 또 한 두어 달이 지나갔다. 전처럼 밤늦게 돌아오는 남편의 입에서 술 냄새가 풍긴다. 오늘 밤도 여태껏 돌아오지 않자 별의별 생각을 다 하면서 초조하게 기다리다 남편의 문 열라는 소리에 급히 뛰어 나간다. 가느스름한 손이 어둠 속에서 희게 빗장을 잡고 한참을 실랑이 한다. 밤바람이 선득하게 얼굴에 부딪친다. 문밖에는 아무도 없다. 아내는 무엇에 놀란 사람처럼 멀거니 있었는데 급히 대문이 닫친다. 망설거리면서도 꿈꾸는 사람처럼 자신도 모르게 마루까지 올라왔다. 매우 기이한 생각이 그의 머리를 스친다. 새벽 두 시경 할멈이 부르는 소리에 두어 번 얼굴을 쓰다듬자마자 나가 보니 남편은 제대로 걷지 못하는 만취 상태가 되어 돌아온다. 남편은 한 다리를 마루 끝에 걸친 상태에서 한 팔을 베고 옆으로 누워 있다. 할멈이 방으로 들어가라고 하는데도 남편은 꿈적 않는다. 몇 번이고 할멈이 말을 하자 남편은 부스스 일어난다. 겨우 방안으로 들어온 남편은 무엇을 생각하는 듯이 고개를 숙이고 있다. 그의 말라붙은 관자놀이에서 푸른 맥이 뛰는 것을 본 아내는 걱정스러운 듯 다가서면서 남편의 옷을 벗긴다. 이때 남편이 '누가 술을 권했나?' 하고 말을 한다. 그리고 어려운 문자를 섞어 말을 하자 아내는 알아듣지도 못한 채 얼굴을 붉힌다. 남편은 아내의 무지에 답답함을 느꼈는지 곧 나가 버린다. 남편의 구두 소리가 고요한 밤공기 속으로 점점 멀어져 간다. 아내는 모든 것을 잃었다는 듯이 절망적인 어조로 '가버렸구먼, 가버렸어!' '그 몹쓸 사회가 왜 술을 권하는고!' 하며 중얼거렸다.

➤ 인물의 성격

남편: 경제적인 면에서 무능한 지식인(현실에 적응을 못해 갈등과 방황을 함)

아내: 결혼 후 혼자서 가난을 참고 견딤(남편을 이해 못하고 괴로워하는 평범한 아내)

➤ 핵심 정리

* 갈래: 단편 소설

* 배경: 시간적→ 일제 강점기(1920년대)

　　　　공간적→ 어느 도회지

* 경향: 사실주의
* 주제: 일제 강점기의 사회 부조리에 적응하지 못하는
        지식인의 좌절과 고뇌
* 시점: 작가 관찰자 시점
* 출전: 개벽(1921)

➤ **구성**
* 발단: 삯바느질을 하며 남편을 기다리는 아내
* 전개: 과거에 대한 회상과 초조한 심정의 아내
* 위기: 만취되어 돌아온 남편
* 절정: 술을 먹는 남편의 변명과 그것을 이해 못하는 아내
* 결말: 집을 나가 버리는 남편

⊙ 주요 저서: 빈처/운수 좋은 날/B사감과 러브레터/
        무영탑

옥상의 민들레꽃/박완서

▶ 줄거리

우리 아파트 7층 베란다에서 할머니가 떨어져 자살했다. 이런 일이 두 번째이다. 그것을 발견한 할머니의 며느리가 놀라서 소리를 지른다. 아파트에 사는 주민들이 모두 베란다로 뛰어나간다. '나'도 뛰어나간다. 우리 궁전 아파트는 환경이 아름답고 시설이 고급스러우며 살기가 편안한 아파트이다. 그런데 이런 사실이 밖으로 알려지면 아파트 가격이 떨어질까 걱정이 된 아파트 주민들은 사장님 댁에 모여 대책 회의를 연다. '나'도 엄마의 치마꼬리에 바싹 붙어 회의에 참석한다. 넓은 사장님 댁은 벌써 주민들로 꽉 들어차 있었다. 반상회 날보다 더 많은 주민이 모여들었다. 오늘따라 아이들이 한 명도 보이질 않고 어른들만 모여 있으니 한층 더 회의 분위기가 엄숙해지는 것 같다. 이때 안건을 제시하라는 회장님의 말이 있자, '나'는 선생님에게 시켜 달라고 떼쓸 때처럼 손을 번쩍 들면서 일어서려 했다. 순간 엄마가 서둘러 말렸다. 엄마의 얼굴은 홍당무가 되고 사람들은 수군거린다. 이어서 뚱뚱한 아줌마가 베란다에 쇠창살을 달자고 말한다. 그 아줌마는 남편이 창살과 관련있는 회사 사장이다. 사람들은 이 의견에 모두 찬성하려고 했지만 쇠창살

215

로 인하여 아파트의 이미지가 나빠질 거라는 젊은 아저씨의
의견이 나오자 그 말은 쑥 들어간다. 바로 이때 자살한 두
집안의 딸과 며느리에게 자살할만한 원인이 있는지를 들어
보자고 반백의 머리를 한 노 교수가 말한다. 두 집안의 딸과
며느리는 경제적으로나 물질적으로 남부럽지 않게 해 주었
다고 한다. 엄마를 따라온 '나'는 사람들 앞에서 베란다와
옥상에 필요한 것은 민들레꽃이라고 말을 하려다 그만 회장
에게 혼이 나고 엄마 역시도 퇴장을 당한다.

'나'는 한때 할머니와 같은 자살 유혹을 경험한 적이 있었
다. 어느 날 엄마가 오래간만에 소식을 알게 된 친구와 통화
중에 아이가 몇이나 되냐고 엄마에게 물어 본 모양이다. 엄
마는 한숨을 쉬더니 셋이라고 말을 하면서 어쩌다 막내를 하
나 더 낳는 바람에 고생이란다. '나'는 이 말에 심한 충격을
받고 가족들이 더 이상 '나'를 필요로 하지 않는다는 생각이
들자 죽기로 결심하고 옥상으로 올라간다. 밤을 기다려 뛰
어 내리려고 했는데, '나'는 구석에 피어 있는 민들레꽃을
보게 된다. 시멘트로 빤빤하게 발라 놓은 옥상에서 어떻게
민들레꽃이 피는지 신기해 한 '나'는 자세히 꽃을 관찰한다.
민들레는 흙이랄 것도 없는 한줌의 먼지 속에서 꽃을 피운
것이다. 그 순간 '나'는 '나'를 반성하고 부끄러운 생각에
자살을 포기한다. 집으로 돌아오자 '나'를 찾아 헤매던 엄마

는 나를 껴안고 엉엉 울며 자신도 죽으려 했다고 말을 한다. '나'는 비로소 자신이 엄마에게 얼마나 소중한 존재인지를 알게 되었다. 이런 자신의 경험에 비추어 민들레꽃이 쇠창살 보다 더 필요하다는 것을 여러 사람들 앞에서 당당하게 말하고 싶었던 것이다. 그러나 어른들은 끝내 '나'에게 말할 기회를 주지 않았다.

▶ 인물의 성격
'나'(아이): 자신의 경험을 바탕으로 어른들에게 생명의
　　　중요성을 일깨움(행동이 적극적이고 당돌함)
엄마: '나'를 사랑하지만 상처를 주기도 함
며느리와 딸: 물질적인 것을 중시하며 책임 회피적임
회장님(사장님): 권위적이면서도 격식을 중시함
젊은 아저씨: 나서기를 좋아하고 이기적이며
　　　물질 만능주의에 젖어 있음
뚱뚱한 아줌마: 이기적이며 기회주의적이고 계산적임
노 교수: 논리적이고 권위적임

▶ 핵심 정리
* 갈래: 단편 소설
* 배경: 시간적→ 1970~1980년대

공간적→ 도시의 궁전 아파트
* **경향**: 상징적
* **주제**: 현대인의 물질 만능주의에 대한 비판과 생명의 소중함을
       인식시킴
* **시점**: 1인칭 관찰자 시점(앞부분)과
       1인칭 주인공 시점(뒷부분)
* **출전**: 샘터사(1979)

➤ 구성
* **발단**: 궁전 아파트에 사는 할머니가 자살함
* **전개**: 불안한 마음에 회의를 소집하고 대책을 논의 함
* **위기**: '나'와 가족 사이에서 오는 갈등과 자살 충동
* **절정**: 집을 나와 옥상으로 올라감(옥상에서 민들레꽃을 봄)
* **결말**: 집으로 돌아와 엄마의 사랑을 확인함

⊙ 주요 저서: 나목/엄마의 말뚝/그 여자네 집/자전거 도둑/
       그 해 겨울은 따뜻했네/그 많던 싱아는 누가
       다 먹었을까

압록강은 흐른다/이미륵

▶ 줄거리

  수암은 '나'의 사촌이다. '나'는 어린 시절 그와 함께 놀았다. 당시 아버지는 우리에게 어려운 한문을 일찍부터 가르쳤는데 우리는 그것이 너무나 싫었다. '나'와 수암은 여러 가지 신기하면서도 재미있는 놀이를 좋아했다. 수암은 잠자리를 곧잘 잡아 엄지손가락과 가운뎃손가락으로 두툼한 배를 잡은 뒤 될 수 있는 한 꼬리를 앞으로 굽혀 잠자리가 제 꼬리를 물게 하였다. 또한 풍뎅이를 잡으면 널찍한 돌 위에 거꾸로 뉘어 놓고 오랫동안 날개를 치며 춤추게 만들었다. 우리는 각자 필통과 많은 습자지(습자에 사용되는 종이)를 받았으며 처음 먹 가는 것을 배웠다. 또한 습자(글씨 쓰기를 익힘)를 하기도 했는데, 그 습자지로 연을 만들다가 그만 아버지에게 들켜서 종아리를 맞았다. 아버지 방에는 신기한 물건들이 많았다. 우리는 보고 싶어도 공부가 끝나면 곧장 아버지 방을 나와야만 했다. 그러던 어느 날 이 방이 비어 있을 때 '나'와 수암은 자그마한 열쇠를 찾아 서랍을 하나하나 차례로 열 수 있었다. 수암은 서랍을 연거푸 뒤지더니 이상하게 생긴 거무스름한 환약을 꺼내 먹고는 숨조차 쉬지 못했다. 이때 아버지가 의원을 불러오니 수암은 가까스로 목숨을 건질 수 있

219

었다. 가끔 우리는 종각으로 놀러갔다가 다른 동네 아이들과 패싸움을 하기도 했으며, 구월에게 이끌려 연극을 구경하기도 했다. 우리는 탈을 쓴 광대를 따라서 북문 앞 노천극장까지 간 일이 있다. 설날에는 어른에게 세배를 드렸다. 그리고 아버지와 놀이를 즐겼다. 그러나 항상 놀이에 진 수암은 고집불통이었고 불만에 가득 차 있었다. 며칠 후, '나'는 불공을 드려 준 여인을 만나게 되었다. 그 사람은 아주 먼 지방에서 온 할머니로 '나'를 '내 아들'이라고 불렀고 어머니 역시도 그 할머니를 '어머니'라고 부르도록 했다. 그 할머니는 '내' 어머니를 위하여 아들을 낳게 해 달라고 빌어 '나'를 낳게 해준 사람이다. 몇 달 뒤 여행을 하던 아버지가 갑자기 돌아오자 온 집안은 야단법석이었다. 그 후로 소문난 명의를 만나 아버지는 겨우 목숨을 부지할 수 있었다. 그런 와중에 문중 회의가 열렸고, 문중 사람들은 수암이 한문 공부를 계속하려면 반드시 서당에 다녀야 한다고 결정을 내렸다. 그래서 수암은 그의 어머니와 함께 시골로 가야만 했다. 이것이 '나'와 수암에게 있어 최초의 이별이었다. 아버지는 '나'를 신식 학교에 보내기로 결정하셨다. '나'는 아버지를 따라 신식 학교에 갔다. 나는 모든 사람들의 입에 오르내리는 그 신식 학교가 싫었는데 아버지를 실망시키지 않기 위해 억지로라도 가야 했다. 서당에는 여름 방학도 일요일도 없이 오직 한 달에 이틀만 쉬어야 했다. 그러나 이 신식 학교에서는 일요일과 한 달을 편하게 보낼 수 있는 여름 방학이 있었다. 그런데 아버지는 방학을 습자(글씨 쓰기를 익힘) 연습에 쓰도록 요구했다. 아버지가 돌아가신 후, '나'는 건강뿐만 아니라 여러 가지 집안 사정으로 도중에 신식 학교를 그만두었다. 어머니는 '나'를 외딴 포구 송림 마을로 가게 했고, 거기서 농부들과 함께 지내면서 요양을 했다. 어느 날 씨 좋은 날, '나'는 만주로 가기 위해 심양행 기차표를 샀다. 그리고 유럽에 대한 꿈을 꾸었다. 그러나 '나'는 철도 역무원에게 충고를 들은 후 다시 송림 포구로 돌아올 수밖에 없었다. 그 후 어머니가 다시 공부하라는 말에 하기 싫은 공부를 하지 않을 수 없었다. 내가 다시 공부를 하기로 하자 친구들은 '나'를 반기면서 그 동안 못한 공부를 어떻게 하면 가장 빨리 할 수 있는지를 알려 주었다. '나'는 중학 과정을 통신 강의록으로 독학했다. 강의를 시작한 지 몇 달 후에 시작한 영어만이 나를 어렵게 했다. '나'는 서울의 의학 전문 학교에 시험을 본 후로 약 3주 만에 합격 통지서를 받았다. 그리고 학교를 다니면서 만난 친구 익원과 함께 3학년이 되던 해 아주 특별한 일을 준비하다가 때마침 종로 탑골 공원에서 3월 1일 오후 2시 항일 운동이 있을 거라는 중요한 보도를 접한다. 친구들과 기미 만세 운동을 하다 결국 일본군에 쫓기는 신세가 되자 '나'는 어머니의 말대로 압록강 건너 중국으로 간다. 상하이에 도착한 '나'는 우여곡절 끝에 찾은 한국 해외 유학생 고문을 만나 안남 학생들과 배를 타고 유럽으로 갔다. 우리들의 배는 수에즈 운하를 통과해 점점 유럽 땅으로 접근했고 마침내 마르세유 항구에 입항했다. 우리들은 배에서 내려 곧바로 기차를 탔다. '나'는 독일에 도착하자 봉운의 도움으로 어느 부인의 집에 머무르게 되었다. 거기서 '나'는 하루하루를 지난날의 추억에 잠겨 지낸다. 그때 먼 고향으로부터 첫 소식을 받았다. '나'의 큰누이 편지였다. 지난 가을에 어머님은 며칠 동안 앓으시다가 갑자기 별세했다는 사연이었다.

▶ 인물의 성격

'나'(미륵): 사촌인 수암과 한학을 공부하다 신식 학문을 함
　　　　　(장래를 위해 유럽으로 떠남)
수암: '나'와 어린 시절을 함께 보낸 사촌으로 한학을
　　　공부함
아버지: 지혜롭고 고결한 인물(시대적 변화에 잘 따르지는
　　　　못하지만 아들인 미륵에게 신식 학문을 배우게 함)
어머니: 자애로운 인물(아들이 새로운 세계를 동경하자 그 뜻을
　　　　이루도록 용기를 북돋움)

용마, 기섭, 만수: 나와 신식 학문을 같이했던 친구(새로운
　　　세계에 대하여 꿈을 꾸게 함)
상규, 익원: 3.1운동을 함께한 친구들(나라의 소중함을
　　　깨닫게 함)
봉운: 독일에 정착할 수 있도록 도와줌

▶ **핵심 정리**
* 갈래: 장편 소설, 자전 소설
* 배경: 시간적→ 일제 강점기 전후의 신구 문화 교체 시기
　　　　　　　(3.1운동 전후)
　　　　공간적→ '나'(미륵)의 고향집과 서울 그리고 상하이와
　　　　　　　독일
* 경향: 서정적
* 주제: 동서양의 체험을 통한 새로운 인격 추구
* 시점: 1인칭 주인공 시점
* 문체: 간결하고 유려한 문체
* 출전: 독일 피퍼 출판사(1946)

➤ 구성

* **발단**: 사촌 수암과 '나'는 아버지로부터 야단을 맞으며
　　　　한학을 공부함
* **전개**: 아버지의 죽음 이후, 어머니의 간곡한 부탁으로
　　　　신식 학문에 매진함
* **위기**: 동료 학생들과 함께 3.1운동에 가담함
* **절정**: 일본군에 쫓기여 상하이로 떠남
* **결말**: 독일에 도착한 후 큰누이로부터 어머니의 별세 소식을
　　　　들음

⊙ 주요 저서: 하늘의 천사

요한 시집/장용학

▶ 줄거리

한 옛날 깊은 산속에는 일곱 가지 색깔로 꾸며진 꽃 같은 굴이 하나 있었습니다. 거기에는 토끼 한 마리가 도무지 불행을 모르고 살았습니다. 어느 날 깊은 땅속에도 사춘기가 다가와 그의 마음에도 변화가 생겼습니다. 틈새로 고운 빛이 흘러 들어오자 토끼는 바깥 세계를 동경한 이후로 자신의 집은 차디찬 감옥의 벽이라는 것을 깨달았습니다. 토끼는 살이 터지고 빨갛게 피투성이가 되도록 고운 빛이 있는 바깥 세계로 향했습니다. 드디어 바깥 세계에 다다르자 이때까지 생각한 것처럼 그저 좋은 곳만도 아니라는 생각이 들었습니다. 목을 틈새로 내밀었습니다. 순간 그의 눈은 강렬한 자연의 태양 광선에 의해 시력을 잃었습니다. 장님이 된 토끼는 자기가 나온 곳을 잊을까 봐 죽을 때까지 떠나지 못했습니다. 결국 그 자리에 죽어서 버섯이 되었는데, 그 후예들은 그것을 자유 버섯이라고 했습니다. 그리고 제사를 지냈습니다.

해는 지붕 위에 있었다

서산으로 기울어 버린 햇발이 지붕 위나 빈터에서 보면 시간과 위치에서 빚어내는 두 개의 시간 사이로 자유를 느낀다. 이 공간에 갇혀 시간이 음속으로 지나가면 시간이 거꾸로 흐르는 것처럼 보인다. 밥이 쌀이 된다. 쌀이 벼이삭이 된다. 그것이 땅속 한 알의 씨가 된다. 어느 쪽으로 흐르는 시간이 과거이고 어느 쪽으로 흐르는 시간이 미래인가에 대한 망상에 사로잡힐 때 나의 몸은 경련을 일으킨다. 지금 르네상스의 후예들이 자기들이 칠하고 칠한 근대화 도료를 긁어 벗기는 데에 여념이 없다. 원색을 골라내는 연금술에 몰두하고 있는 것이다. 그러나 '지리상의 발견' 시대는 이미 지나간 지 오래이다. 오늘 저녁이 아니 내일 아침이 올지 몰라도 오늘은 오늘로 결단을 내버려야 한다. 우선 성실하게 살아야 한다. 고향인 K성에는 지금도 부엉새가 울고 눈을 감으면 옛추억이 한눈에 들어오건만 뻐꾹새가 울던 그 초가집 일대는 한 번도 떠오른 적이 없었다. 생명이란 모든 것을 보류하기로 한 약속의 상태에서 이어받는 것인지도 모른다. 그래서 이러다가 죽으면 모든 것을 보류한 채로 죽는 것이다.

2년 전 어느 일요일(6.25)이다. 인민군은 발광한 이리 떼처럼 미제의 진지로 돌진한다. 우리 의용군 고아들은 한 손에 닭다리를, 한 손에 수류탄을 움켜쥐고 50년 전의 자본주의를 향하여 만세 공격을 되풀이하였다. 얼마 후 여기저기 살이 찢어져 피를 줄줄 흘리면서 닭다리를 손에 꼭 쥔 채로 포로가 된 나를 발견했다. '나'는 내가 아니었다. 누가 내 대신을 하고 있는 것이었다. '나'는 오히려 그때의 그런 상태가 정상적인 것이라고 지금도 생각한다. 내가 누혜를 만난 것은 섬에 있는 포로 수용소였다. 누혜는 현재에 만족하고 있는 것 같았다. 그가 죽은 뒤로 계절이 바뀌고 녹음이 짙어갈 무렵 '나'는 배에 몸을 실었다. 돌아보니 섬은 포수의 자루처럼 수평선에 던져져 있었다. 자유는 무거움이었다. 설레임이었다. 그것은 다른 섬에의 길이요, 또 다른 포로 수용소의 문에 지나지 않았다. 포로 수용소에서 풀려난 '나'는 누혜 어머니가 있는 산속의 판잣집으로 왔다. 중풍에 걸려 꼼짝을 못하는 노파가 '나'를 누혜로 착각해서 그런지 믿어지지 않는다는 모양이다. 그러나 그것은 하나의 과거형에 지나지 않았다. 내가 밖으로 나가려는데 쮜! 하는 비명이 났다. 고양이가 쥐를 물고 들어온 것이었다. 노파의 손이 그리로 간다. 슬그머니 가서 꾹 잡아 쥔다. 이 노파는 고양이가 잡아온 쥐를 먹고 목숨을 이어온 것이다. '나'는 노파의 손목에 매달려 어린애처럼 어머니 불렀다. 내 마음 어디에 이렇게 맺히고 맺힌 설움이 그렇게도 차 있었던가. 페스트가 지나간 이 터전을 향하여 소리 없는 행진이 시작된다. 바깥 세계에는 시름없이 눈이 내리고 있는데 이런 역사는 그만 그 쳤으면 좋겠다. 노파가 실낱 같은 목소리로 누혜를 부른다. '나'는 소스라치면서 환상에서 깼다. 노파의 목젖에서 달각 하는 소리가 난 것 같았다. 이렇게 누혜의 어머니는 죽었다.

누에는 철조망에 목을 매고 죽었다

포로 수용소에서도 모두들 누혜를 누에라고 불렀다. 그는 비단을 남기고 싶어한 것이 아니었다. 봉황새보다는 용이 되어 푸른 하늘 저쪽으로 날아가 보고 싶어했다. 그는 의용 군이 아니라 괴뢰군이었다. 감시병들의 눈으로 볼 때 수용 소는 그저 까마귀의 떼들이 욱실거리고 있는 것 같았지만, 밤이면 방향을 잃은 저류의 충동이 꿈틀거리고 있었다. 이 것이 또 다른 두 번째 전쟁이다. 그것은 인간의 한계를 넘은 싸움이기도 했다. 사상의 이름으로, 계급의 이름으로, 인민 이란 이름으로, 그들은 생이 배추벌레 같은 장난감인 줄 안 다. 그래도 누에는 여전히 하늘을 먹고 산다. 몽둥이가 연달 아 그의 어깨로 날아들었다. 그는 비틀거리면서 쓰러진다. 거기에 있는 발길이 모두 한두 번씩 걷어찬다. 며칠 후 누에

가 자살했다. 끝이 안으로 굽어진 철조망 말뚝에 목을 매고 죽었다. 그의 시체는 인민의 반역자라는 낙인이 찍혀 눈알이 뽑힌다. '나'는 그가 어째서 죽음의 장소로 철조망을 택했는가 하는 것을 그의 유서를 읽어 볼 때까지는 깨닫지 못했다. 누에의 어머니는 그가 포로가 되었다는 소문을 듣고 후퇴하는 국군을 따라 이남으로 나왔다는데, 그 유서는 그의 어머니에게 한 것도 아니다. 유서라기보다 수기였다.

유서

  내가 한 살 때 난 것은 내가 낳고 닷새 후에 이름이 지어졌기 때문이다. 네 살 적에 쌀을 먹고 아홉 살에 초등 학교에 들어갔다. 학교는 죄의 집단이다. 지각을 했다고 벌을 준다. 모든 것이 규율뿐인 중학교 시절을 모범생이라는 벽에 가려 빛을 보지 못했던 내가 한길로 나섰던 것이다. 드디어 '나'는 책상 앞 벽에 자율이라는 모토가 붙었다. 그것이 더 깊은 타율의 바다에 빠져드는 길목임을 모르는 상태에서 대학생이 되어 버렸다. '나'는 내가 난 땅인 산속으로 돌아왔다. 새벽이면 은은히 들려오는 산사의 종소리가 모든 것을 초월하게 만들었다. 그래서 시 쓰기를 좋아했다.
  제2차 대전이 끝났다. 나는 인민이 되어 다시 태어나려 했다. 당에 들어갔다. 당에 들어가 보니 인민은 거기에 없고 인민의 적을 죽임으로써 인민을 만들어 내고 있었다. 만들어 내는 것과 죽이는 것 그것은 살아 있는 것의 괴리이기도 했다. 그 벽을 뚫어 보기 위해 나는 내 육체를 전쟁에 던졌다. 포로가 된 '나'는 생활의 새 양식을 찾아냈다. 차라리 노예인 것이 자유스러웠다. 그러나 그것도 한 때의 기만이었다. 흥분에 지나지 않았다. 언제가 돼야 왜인의 섬에 표류한 걸리버의 미몽에서 깨어날 것인가. 탈출할 수 있을 것인가. 파괴해야 할 것은 바스티유의 감옥이 아니라 이 섬을 둘러싼 해안선이다. '나'는 '나'를 탈출할 수 있고 안개 속으로 나타는 세계를 볼 수 있는 것이다. 자살은 하나의 시도요, 나의 마지막 기대이다.

서력 1951년 9월 X일

유서는 나를 노리고 있다. 섬에서 가져온 피로가 여기서 지금 탁 풀려나가는 긴장, 거기에는 무한한 가능성이 내포되어 있다. 해안선은 끊어지고 저 언덕 위 마른 나뭇가지에는 새빨간 꽃이 방긋 피어날 수도 있는 것이다. 산다는 것은 죄를 짓는다는 것이다. 내가 여기에 앉아 있기 때문에 그들이 여기에 앉아 있지 못하는 것이다. 어둠 속에서 고양이는 아직도 나를 노리고 있다. 나는 그의 주인을 죽인 것이다. 노파는 내가 죽인 것이다. 저 눈이 저기서 저렇게 나란히 빛나고 있는 한 나는 살인자인 것이다. 내일 아침 해가 떠올라야 저 눈이 꺼지는 것이다. 나는 졸린 상태에서 그 눈을 지켜보고 있는 것이 무섭기도 했다. 과연 내일 아침에 해는 동산에 떠오를 것인가.

▶ **인물의 성격**

동호(서술자): 자의식이 강한 청년(의용군으로 참전했다가
　　포로가 됨)

누혜: 동호가 수용소에서 만난 친구로 공산주의 신봉자
　　(요한과 같은 존재로 부각)

▶ **핵심 정리**

* **갈래**: 단편 소설, 관념 소설

* **배경**: 시간적→ 6.25 전후

　　　　공간적→ 어느 고향 마을과 포로 수용소

* **경향**: 실존주의

* **주제**: 극한 상황 속에서의 실존적 깨달음(자각)

* **시점**: 1인칭 주인공 시점과 3인칭 관찰자 시점 혼용

* **문체**: 잠언적

* **출전**: 현대 문학(1955)

프랑스 철학자 사르트르의 소설 '구토'를 읽고 영향을 받
아 쓴 작품

▶ 구성

도입(prologue): 토끼 우화를 통한 전체적인 내용의 암시

* **상(上)**: 누혜의 친구인 동호가 내적 독백을 통해 6.25의
체험을 드러냄

* **중(中)**: 누혜의 죽음과 그 동기가 '나'의 추억과 분노 속에
표현

* **하(下)**: 누혜가 쓴 회상 형식의 유서와 그 실존적 고통이
밝혀짐

⊙ 주요 저서: 비인 탄생/원형의 전설/태양의 아들

중국인 거리/오정희

▶ 줄거리

도시를 남북으로 달리는 화차는 석탄을 싣고 철로가 끝나는 곳에 이르러서야 밑구멍으로 석탄가루를 주르르 흘렸다. 저탄장 작업이 끝나기가 무섭게 우리들은 석탄가루를 신발주머니에 담거나 시멘트 포대에 담아 철조망을 뛰어 넘는다. 그리고 그것을 음식이나 간식꺼리와 바꿔 먹었다. 3학년 봄이 되자 우리는 회충약을 먹는 날이라 선생님의 지시대로 아침을 굶고 등교했다. 빈속에 산토닌을 먹어서 그런지 해인초 끓는 냄새를 맡아서 그런지 모든 것이 노랗다. 길가로는 가건물인 상점을 빼고 포격으로 인해 드문드문 빈터가 보였다. 그 사이로 제일 큰 극장이 있었다고 어른들의 말투를 흉내내면서 치옥이가 말한다.

아버지는 미리 월남해서 자리를 잡은 친구들에게 부탁해 석유 소매 업소의 소장으로 취직 한다. 그리고 아버지를 따라 해안촌 혹은 중국인 거리라고도 불리는 곳으로 우리는 이사를 온다. 목을 빼어 바라본 시는 내가 피난지인 시골에서 꿈꾸어 오던 도회지와는 달랐다. 길을 사이에 두고 여남은 채씩 늘어선 같은 모양의 목조 이층집들은 우리 집을 마지막으로 갑자기 끝났다. 민들레꽃이 필 무렵이 되면 '나' 는 늘어지럼증과 구역질로 툇돌에 앉아 부걱부걱 거품이 이는 침을 뱉고 동생은 마당을 기어 다니며 흙을 집어먹었다. 할머니는 해인초를 끓여 '나'에게 한 사발 마시게 한다. 그러면 춘곤을 느끼는 것과 같은 나른함과 혼미 속에 빠진다. '나'는 혼미한 상태에서 언덕 위의 이층집들과 굳게 닫힌 덧창 중의 하나가 열리며 젊은 남자가 창백한 얼굴로 나타나는 것을 보았다. '나'는 알 수 없는 두려움과 호기심으로 흘끗거린다. 중국인 거리의 일상에는 아편쟁이 늙은 중국인들과 검둥이, 치옥이네 집에 세 들어 사는 양갈보 매기 언니, 양갈보가 되겠다는 친구 치옥이가 있다. '나'는 매기 언니의 방과 셔츠 바람으로 베란다의 난간을 짚고 아래를 내려다보고 있는 검둥이를 보았다. 미군 지프차가 사이렌을 울리며 달려왔다. 술에 취한 검둥이가 매기 언니를 죽인 것이다. 겨울의 끝 무렵 우리는 할머니의 부음을 들었다. 택시에 실려 떠난 지 두 계절 만이었다.

다시 봄이 되고 나는 6학년이 되었다. 오빠는 어디서인지 강아지를 얻어 와 길을 들이는 중이었다. 할머니가 없는 집 안에 개는 멋대로 터럭을 날리고 똥을 쌌다. 우리는 겨우내 화차에서 석탄을 훔치고 밤이면 여전히 거리를 쥐떼처럼 몰려다니며 소란을 떨거나 때때로 골방에 틀어박혀 대본 집에서 빌려 온 연애 소설 따위를 읽기도 했다. 제분 공장에 다니던 치옥이의 아버지가 피댓줄에 감겨 다리가 끊긴 후 그녀의 부모는 그를 삼거리 미장원에 맡기고 지난해 겨울 이 거리를 떠났다. 나는 학교를 오가면서 미장원 앞 유리창 문을 통해 치옥이를 본다.

어머니는 지독한 난산이었지만 아이를 또 낳았다. 어두운 벽장 속에서 나는 이해할 수 없는 절망감과 막막함으로 어머니를 불렀다. 그리고 옷 속에 손을 넣어 거미줄처럼 온몸을 끈끈하게 쥐고 있는 후텁지근한 열기의 정체를 찾아내었다. 초경이었다.

▶ 인물의 성격

'나' (서술자): 열두 살의 소녀(새로 이주한 중국인 거리를 배경으로
　　　성장의 아픔을 겪음)
치옥: '나'의 급우(의붓자식이며 매기 언니의 동생)
매기 언니: 양공주(동거하던 흑인 병사에 의해 죽음)
중국인 남자: 창백한 얼굴의 젊은 남자('나'는 그를 통하여
　　　자신의 내부에 잠재된 욕망과 내면을 자각함)

▶ 핵심 정리

* 갈래: 단편 소설, 성장 소설, 전후 소설
* 배경: 시간적→ 전쟁 직후

공간적→ 항구 도시에 위치한 중국인 거리
* **주제**: 전쟁 직후 정신적인 성장의 아픔과 그 형상화
* **시점**: 1인칭 주인공 시점
* **문체**: 간결한 문체, 감각적인 문체
* **출전**: 문학과 지성(1979)

➤ 구성

* **발단**: '나'와 식구들은 아버지의 일자리를 따라 항구 도시인
중국인 거리로 이사함
* **전개**: 중국인 거리의 낯선 풍경에 대한 인상과 그곳에서의
생활이 소개됨
* **위기**: '나'를 쳐다보는 중국인 청년의 창백한 얼굴과
마주치는 순간 두려움과 호기심을 느낌
* **절정**: '나'는 매기 언니와 할머니의 죽음을 보면서 성장의
고뇌를 내면화함
* **결말**: '나'는 어두운 벽장 속에서 초조(초경)를 맞이함

⊙ 주요 저서: 저녁의 게임/유년의 뜰/소음 공해/
순례자의 노래

징 소리/문순태

➡ 줄거리

부모를 어린 나이에 잃고 외가에서 눈칫밥으로 머슴처럼 살던 칠복은 아내인 도시 여자 순덕과 자갈논을 부치며 산다. 그러던 어느 날 장성댐의 건설로 마을이 수몰되자 변변한 보상도 받지 못한 채 광주로 이사를 오게 된 그들은 산꼭대기에 사글세방을 얻어 도시 생활을 한다. 아내 순덕은 식당 주방에 취업하고, 칠복은 농사일 외엔 아무것도 모르기 때문에 아내의 수입으로 먹고 산다. 어느 날인가 아내를 놀려 주려고 슬그머니 집 안으로 들어서면서 불을 켠다. 순간 아내 순덕이가 웬 놈과 벌거벗고 누워 있는 현장을 발견한다. 칠복은 식칼을 들고 방으로 들어선다. 하지만 이미 두 년 놈은 줄행랑을 친 뒤였다. 빈털터리로 마을에 돌아온 그는 어린 딸을 업고 호숫가로 간다. 그리고 그곳에서 징을 치며 낚시꾼들을 방해하다 종종 매를 맞는다. 마을 사람들은 낚시꾼과 관광객을 상대로 매운탕을 팔며 생계를 이어 가는 처지인데, 칠복이가 훼방을 놓으니 안됐기는 해도 쫓아낼 궁리를 한다. 이어서 마을 사람들은 칠복을 내쫓기 위해 억지로 그들 부녀를 읍으로 가는 버스에 태운다. 칠복의 친구인 봉구는 이천 원을 찔러 주며 칠복에게 다시는 이곳에 오

지 말라고 한다. 밤이 되자 봉구의 귀전에 굵은 빗방울 소리
와 바람 소리가 뒤섞인 채로 끊임없이 징 소리처럼 들려온
다. 마을 사람들도 그 소리에 소름이 오싹 끼칠 정도로 몸을
떨며 뒤척인다.

▶ 인물의 성격

칠복: 외가에서 머슴처럼 살다가 순덕이와 결혼함(장성댐의
　　　건설로 마을이 수몰되자 광주로 이사한다. 그러나 적응하지
　　　못하고 마을로 돌아옴)

순덕이: 칠복의 아내(남편과 어린 딸을 두고 달아남)

봉구: 칠복의 친구(칠복이의 처지를 이해하기는 하나 칠복을
　　　내쫓는 데 동조함)

▶ 핵심 정리

* **갈래**: 단편 소설, 연작 소설
* **배경**: 시간적→ 1970년대
　　　　　공간적→ 전남 장성 방울재 수몰 지구의 마을
* **경향**: 사회 고발적
* **주제**: 산업화 과정에서 소외된 농촌과 농촌 출신 도시 빈민들의
　　　　　고달픈 삶
* **시점**: 전지적 작가 시점

* 출전: 창작과 비평(1978)

▶ 구성

* 발단: 장성 주변의 수몰 마을
* 전개: 보상도 제대로 못 받고 광주로 이사를 온 칠복이 하는
일 없이 산꼭대기 사글세방에서 도시 생활을 함
* 위기: 아내 순덕의 불륜과 가출(어린 딸을 업고 고향인
호숫가로 돌아옴)
* 절정: 마을 사람들이 작당하여 칠복을 내쫓아 버림
* 결말: 빗방울 소리와 바람 소리가 뒤섞인 징 소리는 소름이
오싹 끼칠 정도로 마을 사람들을 떨게 함

⊙ 주요 저서: 철쭉제/타오르는 강

한계령/양귀자

▶ 줄거리

어느 날 나는 쉰 목소리의 전화를 한 통 받는다. 25년 전의 박은자로, 소설가인 '나'를 자랑스러워했다. 은자는 내가 자신을 기억하지 못할까 봐 머뭇거리는 기색이었으나 '나'는 또렷이 기억하고 있었다. 은자는 이상하게도 내 어린 시절의 고통스럽고도 아련한 기억의 중심에 서 있는 상징적인 존재이다. 철길 옆에 살던 은자는 찐빵집을 했는데, 세월이 그간 내게 가르쳐준 대로 반가움을 숨긴 채 될 수 있으면 차분한 음성으로 그 이름을 분명히 기억하고 있다는 것을 내색할 뿐이었다. 그렇게 했음에도 반기는 내 마음이 전화선을 타고 날아가서 그런지 한층 더 쉰 목소리가 폭포수처럼 쏟아져 나온다. 그냥 잊은 채 살아도 아무 지장이 없을 이름들이 전화 속에서 튀어나오는 경우에는 더러 반갑기야 하고 추억을 떠올리게도 하지만 단지 그것뿐이었다. 겉으로는 한번 만나자거나 자주 연락을 하자거나 하는 식의 말은 일회성에 불과한 것이다. 물론 나 역시 은자를 만나고 싶었다. 그러나 당장 오늘이나 내일로 시간을 정하라는 그녀의 성화에는 따를 수 없었다. 그녀는 어릴 때부터 노래를 무척 잘 불렀던 친구였다. 그런 은자가 결국 나이트클럽에서 노래를 부르고 있었다. 그런 내 앞에 아니 나의 아련한 기억 앞에 느닷없이 은자가 나타난 것이다. 게다가 과거의 모습과 다르게 지금은 아들 둘을 둔 가수로 성공했다고 이야기를 한다. 성공을 향해 힘겹게 내달려왔을 은자의 모습이 전화선을 타고 넘어옴에 '나'는 만남을 기대하면서도 한편으론 두려워하고 있는 것인지도 모른다. 그러니 나는 먼 거리에서만 바라볼 따름이다. 그것은 '나'의 과거를 바라보되 본질이 흐려지지 않을 정도의 먼 거리에서 바라보는 행위이기도 하다.

내가 어렸을 적, 큰오빠는 아버지가 일찍 돌아가시자 아버지의 역할을 대신 해 어머니와 여섯이나 되는 동생을 먹여 살렸다. 아버지가 없었어도 우리들은 장남의 어깨를 밟고 무사히 한 몫의 사람으로 성장할 수 있었다. 그러나 흘러간 세월 속에 허무해 하는 큰오빠를 생각하면 과거의 생각들은 더욱 그립고 아련하기까지 하다. 큰오빠는 몸도 가눌 수 없을 정도의 술을 마신 상태에서 허탈함과 허망한 지난 세월을 어머니에게 하나하나 들추며 하염없이 눈물을 흘렸다. 어머니는 그런 큰아들 때문에 가슴이 미어지도록 슬펐을 것이다. 그렇지만 '나'는 끝내 입을 열지 않았다. 큰오빠가 고향집을 팔기로 결정을 하고도 끝까지 고향을 지키지 못했다는 자책감에 몹시 힘들어 한다는 사실을 동생의 전화를 통하여 알았다. '나'는 그날 밤 은자를 찾아간다. 그곳에서 누군지는 모르지만 짙게 화장을 한 여가수의 한계령이라는 노래를 듣는다. 큰오빠가 살아온 세월과 고단한 삶의 무게가 떠올라 눈물을 흘리며 노래에 빠져든다. 그러다가 노래하는 미나 박이 은자일 거라는 생각을 하면서 그냥 돌아온다. 사흘 뒤 은자는 전화를 걸어 자신을 찾아오지 않은 나의 무심함을 나무란다. 그리고 신사동에 '좋은 나라'라는 카페를 개업했다며 그곳에 들를 일이 있으면 꼭 찾아오라고 말한다. 나는 은자가 개업한 '좋은 나라'라는 카페의 이름을 좋게 생각하지만 '좋은 나라'로 가서 만날 수 있을지 '나' 스스로 확신할 수가 없었다.

▶ 인물의 성격

'나'(주인공): 서술자로서 여류 소설가(소심하고 섬세한 성격으로 어린 시절 동무 은자와 만나기를 꺼림)

박은자(밤무대 가수): '나'의 어릴 적 친구로서 고향의 아름다운 과거를 떠올릴 수 있게 해 주는 인물

큰오빠: 집안의 가장 역할을 함(동생들을 다 키운 후로 허무감을 느낌)

▶ 핵심 정리

* 갈래: 단편 소설(연작 소설 '원미동 사람들' 가운데 마지막인

11번째 작품)

* **배경**: 시간적→ 1980년대

        공간적→ 서울과 부천 원미동

* **경향**: 회고적

* **주제**: 산업화 사회의 소시민적 삶과 소박한 꿈

* **시점**: 1인칭 주인공 시점

       (외부는 현재의 이야기 '나' → 1인칭 주인공 시점)

       (내부는 과거의 이야기 '큰오빠' → 1인칭 관찰자 시점)

* **문체**: 간결체 * **출전**: 원미동 사람들(1987)

➤ 구성

* **발단**: 어릴 적 친구인 은자의 전화를 받음

* **전개**: 만나자는 은자의 말에 자꾸만 망설이는 '나'

* **위기**: 이번 주까지만 나이트클럽에서 노래를 부르니

        찾아와 달라는 은자의 말에 '나'는 안절부절못함

* **절정**: 마침내 나이트클럽으로 간 '나'는 그곳에서 '한계령'

        이라는 노래를 듣고 그 여가수가 은자임을 눈치채고도

        그냥 돌아옴

* **결말**: 며칠 후 전화로 '나'의 무심함을 탓하며 은자는 자신이 개업한 카페 '좋은 나라'에 꼭 들를 것을 다시 희망함

⊙ 주요 저서: 원미동 사람들/희망/천년의 사랑/모순

홍염/최서해(본명: 최학송)

▶ 줄거리

백두산 서북 편 서간도 한 귀퉁이 바이허(白河)에 게딱지처럼 생긴 귀틀집 다섯 채가 밭을 따라 있고 그곳에는 조선인들이 눈보라를 피해 이리저리 흩어져 살고 있다. 몹시 추운 날 아침에 문 서방이 집을 나서려 하자, 한 관청(벼슬 이름)이 부모도 모르는 되놈들에게는 일절 욕을 하지 말라고 한다. 문 서방은 더 들을 말이 없다는 듯이 바람을 안고 획 돌아섰다. 강가의 얼음 위를 걷는 것이 빠르기는 하지만 바람이 심하게 불면 빙판을 걷기가 거북해서 언덕길을 택했다. 이를 악물고 두 마루턱이나 넘어 달리소 강가에 이르자 중국 파리(썰매)꾼들이 문 서방에게 조선 거지라고 욕을 한다. 문 서방은 아랑곳하지 않고 허둥지둥 빙판을 걸어서 사위 인가가 있는 달리소로 가기는 가지만 주저한다. 그러나 죽어가는 아내가 용례를 데려다 달라고 애원하는 통에 다시 앞으로 향한다.

그 해 가을볕이 쨍쨍한 마당에서 아내는 깨를 떨고 뒤주 앞에서는 문 서방이 옥수수 껍질을 바르고 있다. 이때 아내가 근심스러운 투로 사위 인가가 왔다고 말을 한다. 문 서방이 먹고 살 것도 없다면서 빚을 갚지 못한다 하자, 인가는 낯빛을 울근불근하면서 고래고래 소리를 질렀다. 문 서방은 더 이상 말을 하지 못한다. 문 서방은 경기도에서 소작인 생활 10년에 겨죽만 먹고 살았다. 서간도로 온 이후에도 이름만 달랐지 역시 소작인이다. 그래서 그런지 흉년으로 말미암아 소작료를 갚지 못하고 매까지 맞은 자신의 처지를 한탄한다. 음흉한 인가가 유독 문 서방을 조르는 것은 딸 용례(금년 17세)가 탐나는 까닭이었다. 인가가 주먹으로 문 서방을 때리자 아내는 인가의 팔에 매달리며 살려 달라고 애원한다. 인가는 아내를 사정없이 끌고 자기 집으로 향한다. 집 안에서 용례가 바느질을 하다 말고 뛰어나와 어머니의 팔을 잡은 인가의 손을 물어뜯는다. 인가는 문 서방의 아내 대신 용례를 붙들어 간다. 그것을 지켜보고 있던 사람들은 모두 파랗게 질린 상태로 시체처럼 서 있을 뿐이다. 문 서방 내외는 그 밤을 인가의 집 울타리 밖에서 새운다. 용례가 인가의 손에 들어가고 며칠 후 문 서방에게 약간의 땅을 주며 바이허로 이사시켰다. 결국 문 서방은 차마 죽지 못한 채 원수가 주는 땅을 파먹게 되었다. 그 후 인가는 용례를 문 서방 내외에게도 보여 주지 않고 백조짜리 석 장만을 준 뒤 그냥 가라고 한다. 그 일로 인해 문 서방의 아내는 늦은 여름부터 아주 병석에 드러누웠다. 그리고 매일 같이 용례를 부르며 보여 달라고 졸랐다. 문 서방은 벌써 세 번이나 인가를 찾아가서 말을 했으나 효과가 없었다. 문 서방은 채찍로 울긋불긋한 관운장과 장비를 무섭게 그려 붙인 집 대문 앞에 섰다. 뼈다귀를 핥던 얼룩 개들이 으르렁거리며 대문 밖에서 기웃거리던 문 서방의 바짓가랑이를 물었다. 일꾼들이 개를 쫓은 뒤에야 문 서방은 수수깡이가 지저분하게 널려 있는 그의 방으로 들어갔다. 인가는 웬일인지 서투른 대로 곧잘 하던 조선말은 하지 않고 알아도 못 듣는 중국말을 쓰면서 담뱃대를 문 서방 앞에 내밀었다. 문 서방은 담뱃대를 받으면서 또 전처럼 애걸하였다. 인가는 이마를 찡그리면서 볼을 불렸다. 순간 문 서방은 분한 마음에 부뚜막의 낫을 들어서 인가의 배를 왁 긁어놓고 싶었다. 그러나 딸의 버둥거리는 그림자가 눈앞에 스치고 병석의 아내가 떠오르자 이내 참고 견디었다. 마당에 한참이나 서서 무엇을 생각하던 인가는 백조(百吊)짜리 관체(官帖: 돈) 석 장을 문 서방의 손에 쥐였다. 문 서방은 이 더러운 돈을 받지 않으려 하였다. 그러나 지금 붙여먹는 밭도 인가의 밭인지라 못 이기는 척 돈을 받아 넣고 힘없이 나온다. 바른편에 있는 조그마한 집에서 용례가 자기를 부르며 울고 있는 것 같았다. 문밖으로 나서니 천지가 아득하였다. 사생을 다투는 아내를 생각하면 아니 못 갈 것이고 이 울타리 속에 용례가 있을 거라 생각하면 눈길이 다시금 울타리로 간다. 바위 모퉁이 빙판으로 올 때까지 개들은 쫓고, 돌아 떨어지는 겨울 해는 어느새 강 건너 봉우리 엉성한 가지 끝에 걸렸다. 바람은 좀 자고 날씨는 맑으나 추워서 수염에는 우물가처럼 얼음이 달린다. 눈옷을 입은 산봉우리 나뭇가지 끝에 붉은 석양볕이 스르르 자취를 감추고 먼 동쪽 하늘가에 차디찬 연자주빛이 사르르 돌더니 그마저 스러진다. 쌀쌀한 하늘에 찬 별들이 내려다보게 되면서부터 어둑한 황혼빛이 바이허의 좁은 골로 흘러들자 게딱지 같은 집 속까지 흐리기 시작하였다. 아내가 누더기 이불에 싸여 누웠고 문 앞과 윗목에는 이웃집 사람들이 모여 앉았는데, 지금 막 인가의 집에서 돌아온 문 서방은 용례를 부르며 신음하는 아내의 가슴에 손을 얹고 앉았다. 아내는 용례를 인가에게 빼앗기던 그때가 떠올랐는지 몸을 번쩍 일으켜 창문을 향하여 내달았다. 그는 두 손으로 남편의 가슴을 밀다가도 달려들어서 남편의 어깨를 물어뜯으며 몸부림친다. 그리고 마지막으로 오장육부가 쏟아지게 소리를 지르더니 그만 검붉은 핏덩이를 왈칵 토하면서 앞으로 거꾸러졌다. 여러 사람들과 함께 문 서방의 아내를 부뚜막에 고요히 뉘어 놓고, 한 관청은 더듬거리듯 귀신 쫓는 경문 이십팔수를 줄줄 읽었다. 문 서방은 울기 시작하였다. 그 울음은 고요한 방안 불빛 속, 바람 소리와 함께 처량하게 흘렀다. 무시무시한 기분에 싸여서 낯빛이 푸르러 가는 여러 사람들은 각각 한 마디

씩 뇌었다. 그 소리는 모두 갈 데 없는 신세에 목메이 듯 구
슬프고도 힘없었다. 문 서방의 아내가 죽은 그 이튿날 밤이
었다. 그날 밤에도 바람이 몹시 불었다. 달리소에는 회오리
바람이 일어서 낫가리가 날리고 지붕이 날리고 산천이 울려
서 사람은커녕 개와 도야지도 굴속에서 꿈쩍 못하였다. 밤
이 퍽 깊어서였다. 이때 우렁찬 바람에 휘날리는 눈발을 무
릅쓰고 앞강 빙판을 건너 달리소 언덕으로 오르는 그림자가
있다. 인가의 집에서는 개 짖음에 홍우재(마적)가 오나 하여
헛총질을 너덧 방이나 하였다. 그 바람에 슬금슬금 가던 그
림자는 휙 돌아서서 손에 들었던 보자기를 개 앞에 던진다.
개들은 짖기를 그치고 서로 물고 뜯고 빼앗아먹는다. 그사
이 그림자는 인가의 울타리 뒤 산처럼 쌓아놓은 보릿짚더미
에 성냥을 쭉 긋더니 뒷산으로 내닫는다. 검은 연기는 하늘
을 덮고 붉은 빛은 깜깜하던 골짜기에 어둠을 기회로 모여들
었던 온갖 요귀를 몰아내는 것 같다. 불을 질러놓고 뒤쪽의
숲속에 앉아서 딸과 아내를 잃은 문 서방은 아래를 내려다본
다. 이런 불 속으로부터 튀어나가는 두 그림자가 있었다. 하
나는 커다란 장정이요 하나는 작은 여자이다. 문 서방은 그
두 그림자밖에는 아무것도 보이지 않았다. 문 서방이 여러
사람을 헤치고 두 그림자 앞에 가 섰을 때 앞에 섰던 장정의
그림자는 땅에 거꾸러졌다. 도끼를 놓은 문 서방의 품에는

어린 여자의 그림자가 안겼다. 그 기쁨! 그 기쁨은 딸을 안은 기쁨만이 아니었다. 적다고 믿었던 자기의 힘이 철통 같은 성벽을 무너뜨리고 자기의 욕구를 채울 때 사람은 무한한 기쁨과 충동을 느낀다. 그 불길은 의연히 모든 것을 태워 버릴 것처럼 하늘하늘 올랐다.

▶ 인물의 성격

문 서방: 경기도에서 간도로 이주하여 중국인의 땅을 경작하는 소작인

문 서방의 아내: 딸 용례를 인가(殷哥)에게 빼앗긴 후 화병에 의해 용례를 부르며 죽음

용례: 문 서방의 외동딸(소작료의 체납으로 인가(殷哥)에게 잡혀감)

인가(殷哥): 문 서방의 딸을 빼앗아 사위가 됨(탐욕스럽고 악독한 중국인 지주로서 끝내는 문 서방에게 죽음)

▶ 핵심 정리

* 갈래: 단편 소설, 신경향파 소설
* 배경: 시간적→ 1920년대 일제 강점기
　　　　공간적→ 중국 서간도 바이허(白河)의 조선 이주민 마을

* **경향**: 신경향파적
* **주제**: 일제 강점기 중국 간도에서의 조선인 이주민들에게
　　　　　닥치는 비참한 삶과 저항
* **시점**: 전지적 작가 시점
* **문체**: 간결하고도 직설적인 문체
* **출전**: 조선 문단(1927)

➤ 구성

* **발단**: 빈농인 문 서방이 서간도로 이주하여 인가(殷哥)의
　　　　　소작인이 됨
* **전개, 위기**: 소작료의 체납으로 인가(殷哥)에게 외동딸 용례를
　　　　　빼앗기자 아내가 화병(울화병)으로 죽음
* **절정, 결말**: 문 서방은 인가(殷哥)의 집에 불을 지르고 인가를
　　　　　도끼로 꺼꾸러뜨림

⊙ 주요 저서: 고국/탈출기

고향/이기영

▶ 줄거리

동경 유학생이었던 김희준은 학자금 때문에 결국 학업을 포기하고 고향인 원터 마을로 돌아온다. 5년 동안에 고향은 놀랄 만큼 변하였다. 전등과 전화가 생기고, 홍수를 막기 위해 방축을 쌓고, 잠업 전습소의 자리에 검은 연기가 쏟아지는 제사 공장이 높은 담을 두르고 서 있다. 희준이도 그때 강습생으로 6개월 동안을 다녀 보았다. 그는 고향에 돌아오기 전 모친으로부터 편지를 받았지만 자기 집이 그 전의 소작인 집을 사서 이사한 줄 몰랐다. 희준이가 왜 이런 집으로 이사했느냐고 묻자 모친은 별안간 눈물을 텀벙텀벙 흘렸다. 아버지 말로는 할아버지가 생존해 계실 때에는 큰 객주 영업을 하였다 한다.

오늘도 오후의 태양은 이글거리며 화염을 부채질하는 것뿐이었다. 숨이 턱턱 막힌다. 인순은 빈집에서 인학이를 보면서 아버지의 버선을 기웠다. 봄에 보통 학교를 졸업한 인순은 시집보낼 걱정을 하는 부모의 수군거림에 은근히 걱정을 한다. 마름(지주의 위임을 받아 소작지를 관리하던 사람) 안승학은 자식들의 교육을 구실삼아 부인을 서울로 보내고 자신은 첩 숙자와 함께 딸 갑숙을 두고 산다. 안승학과 숙자는 딸 갑숙이를 권

씨 집안으로 시집보내려 한다. 그러나 권경호가 읍내의 상
인 권상철의 아들이 아니라 출생이 불분명한 것을 알고는 몸
져눕는다.

  희준은 많은 회의와 갈등 속에서도 야학으로 마을 사람들
을 깨우치며 자신 스스로를 극복해 간다. 생활이 어려운 마
을 사람들은 제사(고치나 솜 따위로 실을 만드는 일) 공장에 직공으로
들어간다. 갑숙은 권경호와 결혼을 시켜 한 밑천 뜨려는
아버지 안승학의 횡포에 더 이상은 참을 수가 없었던지 가출
을 한다. 그리고 희준이가 소개 시켜 준 공장을 가명으로 들
어간다.

  희준을 중심으로 마을 사람들은 두레를 만들어 단결과 협
동심을 키운다. 그러던 중 수재로 인해 농사를 망친 마을 사
람들은 소작료를 감해 달라고 안승학에게 요구했다가 거절
당하자 그들이 모여 쟁의를 결심한다. 그러나 그들은 궁핍
한 생활을 이유로 이탈하려는 조짐을 보인다. 그때 갑숙은
남모르게 쟁의할 돈을 지원하고 소작인을 괴롭히는 아버지
에 반하여 희준이를 돕는다. 결국 희준과 마을 사람들은 안
승학의 양보를 얻어냈고, 희준과 갑숙이는 이성보다는 동지
로서의 사랑을 확인하게 된다.

▶인물의 성격

김희준: 동경 유학 중 학자금 문제로 귀국함(고향인 원터 마을로
　　　　돌아와 농민 운동을 주도함)

안승학: 마름(지주의 위임을 받아 소작지를 관리하던 사람)으로 신흥 세력

안갑숙: 마름 안승학의 딸(공장 노동자로 농민을 도우면서
　　　　희준에 대한 사랑을 동지애로 승화시킴)

권상철: 상인이면서 고리 대금업자(안승학과 같은 부류의
　　　　인물)

권경호: 권상철의 아들로 출생이 불분명함(안갑숙과의 결혼
　　　　문제에 한정된 인물)

인순: 농촌을 떠나 공장에 취직함(현실적인 인물로 파업과
　　　　소작쟁의에는 참여하지 않음)

▶ 핵심 정리

* 갈래: 장편 소설, 농민 소설
* 배경: 시간적→ 1920년대 일제 강점기
　　　　공간적→ 원터라는 충청도의 한 농촌
* 경향: 사회주의적
* 주제: 경제적 난관을 극복하려는 농민들의 의식과 성장
* 시점: 전지적 작가 시점
* 출전: 조선일보(1930년대 연재 발표)

➤ **구성**

* 발단: 김희준이 학자금 문제로 유학 중에 돌아옴
* 전개: 농민과 마름의 대립
* 위기: 수재를 당함
* 절정: 소작료 삭감을 위한 투쟁
* 결말: 동이 트는 새벽 김희준과 안갑숙은 동지애로
　　　　희망을 가짐

⊙ 주요 저서: 가난한 사람들

금 따는 콩밭/김유정

▶ 줄거리

　쿠리한 흙내와 징그럽게 풍기는 음침한 황토 구덩이 속에서 영식은 암팡지게 팍팍 곡괭이질을 한다. 간간이 벽이 헐린다. 영식이는 일손을 놓고 소맷자락을 끌어당기어 얼굴의 땀을 닦는다. 파고 또 파도 금은 나오질 않는다. 땅에 무릎을 꿇고 궁둥이를 번쩍 든 채 식식거린다. 어떤 때에는 윗벽의 한 쪽이 떨어지며 등을 탕 때리고 부서진다. 영식이는 살기 띤 시선으로 수재를 노려본다. 흙이 부서져 내린다. 어제까지만 해도 아내 한 번 못 보고 죽나 했으나 인젠 그렇게 되고 싶다. 수재란 놈하고 같이 흙더미에 묻히어 죽는 것이 날 것이다. 이놈이 허풍치는 바람에 애꿎은 콩밭 하나만 결딴냈다. 이것을 알아차린 지주가 농사질 생각은 아예 하지 말라고 노발대발하였다. 그래도 수재가 시키는 대로 무릎을 꿇고 벽을 긁어낸 다음 다시 파기 시작한다. 산에서 내려오는 마름과 맞닥뜨리자 마름은 콩밭에서 웬 금이 나온다고 이 지랄하냐며 목에 핏대를 세운다. 이제 수재라는 이름만 들어도 영식이는 이가 갈렸다. 영식이는 본디 금전과는 거리가 멀고 밭고랑만 믿으며 땀을 흘려 일만 하였다. 어느 날 금점으로만 돌아다니던 수재가 무슨 바람이 불었는지 싱글싱글 영식에게 수작을 피운다. 영식은 모르는 체했지만 아내는 결국 비렁뱅이밖에 안 될 바에야 안달하는 수재의 말에 선뜻 응낙하였다. 하기는 금만 잘 터져 나오면 이까짓 콩밭쯤이야. 이 밭을 풀어 논도 만들 수 있을 것이다. 진흙투성이를 하고 내려온 남편은 풀이 죽어서 몸을 잘 가누지도 못하고 아랫목에 축 늘어진다. 아내가 산신제 지낼 양식도 없다고 말을 하자 영식은 드러누운 채 눈을 지그시 감아 버린다. 아내가 꾸어온 양식으로 산신제를 지내기 위해 영식은 콩밭으로 올라섰다. 앞에 쌓인 흙더미를 막 돌아서려 할 제 아마도 돌에 채였는지 쓰러지려고 하는 남편을 아내가 부축

하였다. 남편은 부정탔다며 아내의 뺨을 때린다. 그리고 밭으로 들어가 손을 모으고 축원한다. 아내는 그 꼴을 바라보며 독이 올랐다. '금' 하는 소리만 들어도 입에 신물이 날 만큼 되었다. 그건 고사하고 꿔다 먹은 양식에 시달리지나 않았으면 좋으련만, 가을은 논으로 밭으로 누렇게 내리었다. 이 가을에는 뭘 거둬들이고 뭘 즐겨할는지 그는 동네 사람의 이목이 부끄러워 산길로 돌았다. 남편은 적삼이 찢어지고 얼굴에 생채기를 내었다. 수재는 흙에 박혔다 나왔는지 얼굴은커녕 귓속까지 흙투성이다. 코밑에는 피딱지가 말라붙었고 아직도 조금씩 흘러내린다. 아내는 돌아서며 콩밭에서 금을 딴다는 숙맥도 있느냐며 혼잣말로 중얼거린다. 그런 아내를 영식은 와락 떠다 밀어 논둑에 젖혀 놓고 그 옆구리를 발길로 퍽 질렀다. 이 꼴을 보니 수재는 조바심이 일었다. 인제 걸리면 죽을 것 같아 순간 구덩이 속으로 슬그머니 사라진다. 그리고 손에 흙 한 줌을 잔뜩 쥐고 구덩이에서 나오더니 소리친다. 영식이는 수재 앞으로 쏜살같이 달려들었다. 허겁지겁 그 흙을 받아 들고 샅샅이 헤쳐 보니 딴은 전에 보지 못하던 불그죽죽한 황토였다. 영식이는 기쁨보다 먼저 기가 탁 막혔다. 오늘밤 수재는 훨훨 벗어나는 게 상책이겠다.

▶ 인물의 성격
영식: 금전에는 별로 관심이 없음(수재의 꾐에 빠져 콩밭을 망침)
영식의 아내: 곤궁한 살림에 이판사판 남편을 부추겨 일을 저지름
수재: 일확천금을 얻기 위해 영식 내외를 충동질함

▶ 핵심 정리
* 갈래: 단편 소설, 농촌 소설
* 배경: 시간적→ 1930년대, 공간적→ 강원도 산골
* 경향: 사실주의
* 주제: 절망적인 현실에서 허황된 꿈과 욕망을 쫓는 인간의
       어리석음
* 시점: 작가 관찰자 시점 * 출전: 개벽 3월호(1935)

▶ 구성
* 발단: 무덤처럼 음침한 구덩이 속
* 전개: 마름(지주의 위임을 받아 소작지를 관리하던 사람)이 크게 노하자
       영식과 수재가 다툼
* 위기: 산신제를 지낸 후 절망에 빠진 영식
* 절정: 비아냥거리는 아내에게 영식이 발길질을 함
* 결말: 조바심이 난 수재가 오늘 밤 달아나려고 함
⊙ 주요 저서: 소낙비/봄봄/동백꽃/만무방/노다지

물레방아/나도향

▶ 줄거리

덜컹덜컹 홈통에 들었다가 다시 쏟아져 흐르는 물이 육중한 물레방아를 돌리면 절굿공이가 번쩍 들려 쿵하면 통 속으로 곡물을 획 내던질 적에 머슴들의 콧소리는 허연 겨가 켜켜이 앉은 방앗간 속에서 청승스럽게 들려 나온다. 저쪽 산모퉁이를 십리나 지나 동네 앞 기슭을 스쳐 지나가는 그곳 위에 물레방아가 있다. 그리고 이 마을에서 가장 부자인 신치규의 집에 붙어 막실살이를 하는 이방원의 부부가 그의 땅을 경작하며 그날그날 근근이 살고 있다. 어느 가을 밤, 달이 한적한 이 마을을 유난히도 밝게 비칠 때 물레방앗간 옆에 어떤 남녀가 서서 수작을 한다. 오십 줄에 들어선 늙은 구렁이 신치규는 느물느물 스물두 살의 젊은 여자 방원의 아내를 달래고 있다. 대를 이을 자식을 하나 낳아 주면 내 것이 모두 네 것이 될 거라는 신치규의 꾐에 방원의 아내는 새침한 웃음만 짓는다. 신치규는 내일이라도 당장 방원을 쫓아내고 너를 불러들일 거라고 말을 하면서 물레방앗간 안으로 들어간다. 사흘이 지난 뒤 방원은 신치규로부터 돌연 자기 집에 사정이 있으니 나가 달라는 말을 듣는다. 애걸해 봐도 소용이 없자 방원은 가슴이 답답하였다. 어쩔 도리 없이 아내더러 안주인 마님께 사정을 하여 얼마간은 더 있게 해달라고 부탁한다. 그러나 아내는 못 들은 체 이제 자기를 어떻게 먹여 살릴 거냐며 앙탈이다. 방원은 홧김에 쌍욕을 하고 주먹과 발길로 아내를 친다. 아내는 일부러 크게 소리를 내어 꺼이꺼이 운다. 옆집 젊은 것들은 애정 싸움인줄 알고 싱글거리며 말리는 시늉을 한다. 앞마당에 모여든 동네 아이들은 무슨 영문인지도 모른 채 뚱그래 눈을 뜨고 구경을 한다. 그날 저녁에 방원은 술이 얼근하여 돌아왔다. 아내의 품이 그립기도 하거니와 사과도 할 겸 문고리를 잡아 흔든다. 그리고 문을 열어제치니 아내는 없었다. 그는 옆집 아주머니로부터 아내가 곱게 단장을 하고 물레방아께로 가더라는 소리를 듣는다. 그가 방앗간을 막 뒤로 돌아서자 신치규와 아내가 방앗간에서 나오는 것을 보았다. 그의 눈은 붉은 광채가 번뜩이었다. 또한 사지는 떨리고 이는 서로 달그락 달그락 맞부딪쳤다. 처음에는 간담이 서늘할 법한 아내와 신치규가 이젠 오히려 큰소리를 지르며 야단친다. 방원은 어이가 없었다. 조금 전까지의 상전이란 생각에 꽤 오랜 동안 주저하던 방원은 끝내 상전이기를 포기하고 동등한 입장에서 신치규를 잡아 땅바닥에 태치고 목을 조른다. 그리고 사정없이 무언가 손에 잡히는 대로 죽어라 내리친다. 이제 그는 상전도 아니고 똑같은 사람, 아니 원수일 뿐이다. 이

꼴을 보는 계집은 끔찍한 일이 눈앞에서 생길까 봐 사람 살리라고 소리친다. 바람난 아내의 비명 소리에 동네 쪽에 있는 사람들이 수군수군한다. 이어서 구둣발 소리와 칼 소리가 덜거덕 덜거덕 난다. 방원은 순간적으로 정신이 든다. 그리고 자기 자신이 무슨 짓을 저질렀는지 깨닫고는 미친 듯이 일어나 옆에 있는 계집을 끌면서 도망치자고 한다. 땅바닥에서는 신치규가 꿈지럭 꿈지럭 이리저리 뒹굴며 비명을 지른다. 방원은 순검(순경)에게 포박당한 채, 계집은 있는 그 상태에서 주재소로 끌려가고 신치규는 머슴들이 업어 들였다. 방원은 석 달간 감옥에서 상해죄로 복역을 하고 나온다. 그 사이 신치규는 아무 일없다는 듯이 방원의 계집을 데려다 산다. 방원은 감옥에서 그 연놈을 죽이기로 결심하였다. 감옥에서 나온 뒤로부터 세상은 더욱 냉혹해졌다. 방원은 집에서 내쫓기고 계집까지 빼앗긴 마당에 기름한 단도를 품고 달려가 그들을 죽일 생각이었다. 그녀를 보는 순간 방원은 모든 결심이 얼음처럼 녹는 듯해, 마지막으로 한 번 더 아내에게 자기와 멀리 떠나자고 말을 한다. 그런데 이미 변심한 아내가 거절한다. 방원은 계집을 들쳐 업고 내달아 물레방아 앞에 내려놓고는 길게 한숨을 내쉰다. 방원은 자기가 원하는 대로 따르지 않자 주춤하는 마음을 다잡는다. 순간 칼끝이 그녀의 옆구리를 향한다. 칼자루를 든 손으로 피가 새어 나왔다. 방원은 그 칼을 빼어 들더니 계집 위에 거꾸러져서 스스로 자기 가슴을 찌르고 절명하여 버렸다.

➤ 인물의 성격
이방원 : 지주인 신치규의 집에서 막실살이를 하는 우직하고
　　　　순박한 농사꾼(입체적 인물)
신치규 : 방원의 상전인 오십 중반의 탐욕스런 늙은이
이방원의 아내 : 물질적 욕망이 강한 여자로 신치규와 불륜의
　　　　관계를 맺음(창부형)

➤ 핵심 정리
* 갈래: 단편 소설, 본격 소설
* 배경: 시간적→ 1920년대 일제 강점기
　　　　공간적→ 물레방앗간이 있는 농촌 마을
* 경향: 사실주의
* 주제: 본능적인 육체적 욕망과 물질적인 탐욕이 빚어 낸
　　　　인간의 도덕성 상실
* 시점: 전지적 작가 시점
* 출전: 조선 문단(1925)

➤ 구성

단순 구성

* **발단:** 지주 신치규는 자기 집에서 막실살이하는 이방원의
  아내를 탐냄
* **전개:** 지주 신치규가 이방원의 아내를 꾀어냄
* **위기:** 이방원은 지주 신치규와 자기 아내가
  물레방앗간에서 나오는 것을 목격함
* **절정:** 지주 신치규를 구타하고 상해죄로 석 달간 감옥
  생활을 함
* **결말:** 출감한 이방원은 배신한 아내를 살해하고 자신도
  목숨을 끊음

⊙ 주요 저서: 뽕/벙어리 삼룡이/꿈

Best 3

보면 유익한 소설 줄거리 읽기

김 약국의 딸들/박경리

➡ 줄거리

통영은 다도해 부근의 작은 어항으로 부산과 여수 사이를 오가는 중간 지점이다. 그 고장의 젊은이들은 이곳을 조선의 '나폴리'라 하는데, 통영은 거제도가 앞을 가로막아 현해탄의 거센 파도가 우회하므로 항만은 잔잔하고 사시사철 온난하여 살기 좋은 곳이다.

김봉제는 김 약국의 주인으로서 선비의 품성을 지닌 사람이다. 그러나 그의 동생 봉룡은 충동적이고 격정적이라 아내 숙정이 출가 전 그녀를 사모했던 송욱이 찾아오자 극단적인 질투에 의해 그를 죽인다. 이어서 숙정은 정부를 두었다는 의심을 벗으려고 스스로 목숨을 끊는다. 이 사건으로 봉룡은 숙정 집안의 보복을 두려워해 집을 나가고 봉룡의 유일한 혈육 성수는 큰어머니 송씨에 의해 양육된다. 하지만 죽은 동서에 대한 열등감 때문인지 항상 그 화살은 성수에게 돌아간다. 큰아버지가 사냥을 갔다가 독사에 물려 죽게 되자 그는 이어서 김 약국의 주인이 된다. 그리고 어장 사업에 손을 댔다가 실패를 한다.

한실댁은 자손이 귀한 집으로 아들을 못 낳은 것이 큰 한이 되었다. 남편을 보기가 부끄럽고, 남을 보기가 부끄러웠지만 한실댁은 그래도 다섯 딸들을 하늘처럼 여기며 살았다. 그러나 정작 장녀 용숙은 대갓집 맏며느리가 아니라 일찍이 과부가 되어 아들 동훈을 치료하던 의사와 불륜 관계로 사회적인 지탄을 받는다. 차녀 용빈은 전문 학교까지 나와 교편을 잡았으나 애인 홍섭으로부터 배신을 당하게 된다. 삼녀 용란은 관능미로 시선을 끌 것이라 기대했지만 지혜롭지 못해 결국 머슴과 놀아나다 지탄을 받았고, 사녀 용옥은 딸 중에서 제일 인물이 떨어지지만 손끝이 야물고 심성이 고아 알뜰하게 살림을 꾸릴 것으로 기대했으나 그 역시 애정이 없는 남편 기두와 별거하다 결국 뱃길에서 죽음을 맞게 된다. 용란은 다시 나타난 한돌과 함께 있다가 아편쟁이 남편인 연학에게 발견되어 한돌과 어머니 한실댁이 그의 손에 의해 살해되는 비극적 결말을 맞는다. 그 충격으로 용란은 정신 착란을 일으킨다. 계속되는 집안의 몰락과 함께 김 약국(성수)도 위암에 걸려 죽는다. 아버지가 죽자, 차녀 용빈과 막내 용혜는 저주의 사슬로 이어진 통영을 벗어나 새로운 출발을 기약한다.

➤ 인물의 성격

김봉제: 김성수의 큰아버지(선비 성품의 소유자로 김 약국을 경영, 사냥을 갔다가 독사에 물려 죽음)

김봉룡: 김성수의 아버지(불같은 성격의 소유자로 아내를 사모했던 송욱을 죽이고 집을 나가 자취를 감춤)

봉룡의 처(숙정): 김성수의 어머니(송욱 살인 사건을 계기로 정부를 두었다는 의심을 벗기 위해 비상을 먹고 자살함)

김성수(김 약국): 어머니(숙정)의 자살과 큰어머니 송씨의 학대로 현실에 무심함(김 약국을 물려받으나 딸들의 불행과 집안의 몰락에 이어 결국 위암으로 죽음)

한실댁: 김 약국의 처

장녀(김용숙): 성격이 강한 소유자로 젊은 나이에 과부가 됨 (아들 동훈을 치료하던 의사와 불륜 관계로 사회적 지탄을 받음)

차녀(김용빈): 의지가 굳고 사려가 깊은 지적인 여성으로 여자 전문 학교를 나와 교편을 잡음(애인 홍섭으로부터 배신을 당함)

삼녀(김용란): 관능적 미모를 갖추기는 했으나 지적인 능력이 떨어짐(머슴과 불륜의 처지에서, 아편쟁이 남편 연학이 그들 가족을 죽이자 정신 이상을 일으킴)

사녀(김용옥): 애정이 없는 남편 기두(용란을 흠모함)와 별거하다가 뱃길에서 죽음을 맞이함

막내(김용혜): 아버지가 죽자 용빈과 함께 통영을 떠남

➤ **핵심 정리**

* 갈래: 장편 소설
* 배경: 시간적→ 1864~1930년대 우리 나라의 암흑기
    공간적→ 경남 통영
* 경향: 사실주의
* 주제: 한 집안의 욕망과 운명에 따른 비극적 몰락
* 시점: 전지적 작가 시점
* 출전: 을유문화사(1962)

➤ **구성**

* 도입(prologue): 통영 및 소설 속의 시대적 배경 소개
* 발단: 어머니 숙정의 자살
* 전개: 김성수의 성장 과정
* 위기: 봉제의 죽음과 김 약국이 되는 성수
* 절정: 다섯 딸의 순탄치 못한 삶
* 결말: 차녀 용빈과 막내 용혜는 저주의 사슬로 이어진
    통영을 벗어나 새로운 출발을 기약함

⊙ 주요 저서: 불신 시대/시장과 전장/토지

나무들 비탈에 서다/황순원

➡ 줄거리

수색을 나가는 길에 동호는 자신이 완전하게 노출된 듯한 느낌이 들자 간신히 걸음을 옮길 뿐이다. 수색대 조장인 현태는 동작이 느리고 우스갯소리도 잘하지만 전투 준비에 돌입하게 되면 민첩하고 진지해진다. 현태와 윤구는 작전이 없는 날이면 위안부를 찾아간다. 그러나 동호는 그들과 같이 가지 않는다. 그것은 사랑하는 애인 숙이가 있기 때문이다. 휴전 협정을 눈앞에 둔 시점에서 포주(창녀를 두고 영업을 하는 사람)들은 발 빠르게 부대 근처에 술집을 차린다. 현태와 윤구는 술집을 자주 드나들지만 순진한 동호는 숙이를 생각하며 시간을 보낸다. 어느 날 현태와 윤구는 자기들이 자주 가는 술집으로 동호를 끌고 간다. 현태와 윤구는 서울에서 온 색시에게 동호와 놀아 주기만 하면 술값을 더 주겠다고 충동질을 한다. 얼떨결에 색시의 방까지 따라가게 된 동호는 숙이를 두고 자신이 작부에게 동정을 받쳤다는 수치심과 모욕감을 느낀다. 그러던 어느 날 동호는 현태에게 서울 색시 옥주가 있는 술집으로 가자고 한다. 그리고 하룻밤을 지낸다. 그 뒤로 동호는 매번 옥주를 만나러 간다. 이번에도 괴로운 마음에 색시 옥주를 찾아간다. 그런데 옥주는 정부인 청년단

단장과 한 방에 있었다. 이것을 본 동호는 심하게 분노를 느낀 나머지 그들이 있는 방에다 총을 겨누고 방아쇠를 잡아당겼다. 동호는 여자와 남자의 비명 소리를 듣고 뒷문으로 빠져 나왔다. 현태는 기분이 좋지 않은 듯한 동호에게 전쟁은 우리 모두에게 피해를 준 것이라며 위로한다. 그러나 2시간 후에 동맥을 끊어 자살을 한 동호의 시체가 흰눈 위에 놓여 있는 것을 현태가 발견한다.

어느덧 세월은 흘러 윤구와 현태는 제대를 하게 되었다. 윤구는 가정교사를 해서 대학까지 졸업하게 된다. 그리고 현태의 도움으로 양계장을 꾸려 간다. 부친의 회사에서 성실히 일을 하던 현태는 어느 날 우연히 자신이 전쟁터에서 무고하게 죽인 어느 여인과 비슷한 모녀를 발견하고 혼란에 빠진다. 그는 회사를 그만두고 방황하다 결국 평양집 기생 계양과 가깝게 지낸다. 윤구는 가정교사로 있던 집의 딸 미란을 사랑하지만 미란이 현태를 알게 된 후로부터 어떤 관계인지 윤구도 짐작하게 된다. 죽은 동호의 애인 숙이는 동호의 죽음을 알기 위해 현태의 집을 찾는다. 현태는 그저 모른다고 하며 돌려보낸다. 숙이는 현태에게 여러 번 전화를 한 끝에 동호의 자살 이야기를 듣는다. 숙이는 큰 충격에 휩싸인다. 현태와 숙이는 인천으로 가게 되고 거기서 동호의 편지를 뜯어보지만 봉투 속엔 백지만 있을 뿐이다. 현태는 여기서 숙이를 욕보이게 된다. 2주일이 지난 후 현태를 만난 숙이는 당신과 동호 씨 모두 구제 불능이라면서 자리를 뜬다. 현태는 우연히 안 이등 중사를 만나게 되고, 그를 통해 선우 이등 상사가 정신 병원에 있다는 사실을 알고 찾아가 본다. 평양집 계향은 현태가 보는 앞에서 스스로 목숨을 끊고, 현태는 방조한 혐의로 무기 징역을 선고받는다. 한편 숙이는 윤구를 만나 자신과 모두는 동란의 피해자라며 친구인 현태의 아이를 낳을 때까지 그의 곁에 있기를 원한다. 그러나 윤구가 이를 냉정하게 거절하자 숙이는 말없이 대문을 나선다.

▶ 인물의 성격

* 동호: 순수한 이상주의적인 인물로 전쟁의 무게를 감당하지 못한 채 자살로 생을 마감함
* 현태: 현실적인 생명력의 소유자(동호에게 자살의 빌미를 제공함)
* 윤구: 전쟁에서 체득한 비정함으로 현실적인 삶을 살아감 (가정교사를 하면서 대학까지 졸업함)
* 숙이: 동호의 애인(동호의 자살 동기를 찾다가 현태에게 욕을 당해 아이를 가짐)

➤ 핵심 정리

* 갈래: 장편 소설, 전후 소설
* 배경: 시간적→ 6.25 전후

  공간적→ 최전방 그리고 서울과 인천
* 경향: 실존적
* 주제: 전쟁의 극한 상황을 겪은 전후 젊은이들의 정신적

  방황과 갈등을 통한 인간 구원
* 시점: 전지적 작가 시점
* 출전: 사상계 연재(1960)

➤ 구성

* 발단: 주둔지 최전방에서 수색 중인 동호, 현태, 윤구
* 전개: 숙이를 늘 생각하면서도 옥주와 만나는 동호 그리고

  동호의 자살
* 위기: 전쟁 후(현태, 윤구, 숙의 삶)
* 절정: 현태의 겁탈로 숙이가 그의 아이를 갖게 됨
* 결말: 현태는 살인 방조죄로 무기 징역을 받음(숙이는 현태의

  아이를 낳을 때까지만 윤구의 곁에 있기를 바라지만 이를

  거절하자 결국 대문을 나섬)
* ◉ 주요 저서: 별/독 짓는 늙은이/ 목넘이 마을의 개/학/

  소나기

독짓는 늙은이/황순원

📋 줄거리

  송 영감은 독 짓는 늙은이로 평생 독 짓는 일을 업으로 삼으며 살아왔다. 지금은 병든 상태에 있는데, 아내마저 아들 같은 조수 놈과 눈이 맞아 일곱 살 아들 당손이를 버려 둔 채로 도망가 버렸다. 도망간 아내를 생각하면 괘씸하기 이를 데 없지만 훌쩍이는 아들 당손이에 대한 애정만큼은 깊어 간다. 그는 조수가 이 가을 마지막 가마에 넣으려고 지어 놓다시피한 크고 작은 독들을 깨부수고 싶은 충동을 강하게 느낀다. 그러나 그 독들과 함께 자신이 독을 지어 한 가마 분량을 구워 내야 먹고 살 수 있기 때문에 참는다. 송 영감은 쇠약해진 몸으로 독 짓기를 계속하지만 손놀림이 예전 같지 않고 몸에 열이 있어 쓰러지듯이 짓던 독 옆에 눕고 만다. 아들 당손이는 아버지가 죽지나 않을까 울먹인다. 쓰러졌던 송 영감이 정신을 차린 것은 저녁 무렵이었다. 당손이는 아버지가 깨어나자 이웃에 사는 방물장수 앵두나무집 할머니가 준 밥그릇을 내민다. 송 영감은 확 분노가 치밀어 당손이에게 동냥질을 하느냐고 버럭 화를 낸다. 그러나 진종일 아무것도 먹지 않은 것을 생각하고는 밥그릇을 끌어다 한 술 입에 떠 넣으며 당손이에게도 먹으라 한다. 다음날 아침에 앵두나무집 할머니는 죽인지 밥인지 모를 것을 들고 송 영감을 찾아온다. 송 영감이 그것을 잘 넘기지 못하자 앵두나무집 할머니는 이번 병으로 죽지나 않을까 해서 송 영감에게 마땅한 집이 나섰으니 당손이를 그 집에 보내자고 권유한다. 그러나 송 영감은 쓰러져 있는 사람답지 않게 고함을 지르며 앵두나무집 할머니를 쫓아낸다. 그러던 어느 날 앵두나무집 할머니는 송 영감에게 겨울도 닥쳐오니 고집을 부리지 말고 영감이 살아 있을 때 당손이가 좋은 자리로 가는 걸 보아야 마음이 놓이지 않겠느냐며 송 영감에게 말을 하자 송 영감은 자기가 동냥질을 해서라도 애를 먹여 살릴 테니 염려 말라고 한다. 날이 갈수록 송 영감은 독 짓는 시간보다 쓰러져 있는 시간이 많아 한 가마를 채우려다 채우지 못한 채, 아들 당손이의 도움을 받아 그나마 독을 말리고 굽기 시작한다. 가마에 독을 넣어 불질을 한다. 송 영감은 앉았다 누웠다 하며 며칠 불길을 지켜보고 있는데 마지막 단계에서 독이 튀는 소리가 났다. 살펴보니 튀는 독은 자신이 빚은 독뿐이고, 조수가 만들어 놓았던 독은 그대로이다. 어둠 속에서 송 영감은 또 다시 쓰러지고 말았다. 이튿날 송 영감은 아들을 시켜 앵두나무집 할머니를 오게 했다. 그리고 아들 당손이를 다른 집에 보내기로 결심한다. 당손이를 보내기 위해 죽은 체하고 있던 송 영감은 아들을 보내고 난 후 허전함을 못

이겨 기는 걸음으로 집을 나온다. 그리고 뜨거운 가마 안 깊숙한 곳까지 기기를 멈추지 않았다. 거기에는 송 영감 자신이 만든 독 조각이 터진 채 흩어져 있었다. 터진 독 대신 단정히 무릎을 꿇고 자신의 몸으로 독을 대신한다.

➤ 인물의 성격

송 영감: 아내가 도망을 가고 어쩔 수없이 아들마저 남의 집으로 보내나 독 짓는 일만큼은 버리지 못하는 늙은이(정적인 인물)

앵두나무집 할머니: 인정이 많은 방물장수

아내: 늙은 남편과 아들을 버리고 젊은 조수와 달아남 (작품에 등장하지는 않으나 송 영감의 욕설을 통해 드러나는 인물)

➤ 핵심 정리

* 갈래: 단편 소설, 순수 소설
* 배경: 시간적→ 근대로 접어드는 시기
      공간적→ 어느 시골의 독짓는 집
* 주제: 극한 상황에 처한 독 짓는 늙은이의 좌절과 집념
* 시점: 전지적 작가 시점
* 문체: 간결체

* 출전: 문예(1950)

➤ 구성
단순 구성
* **발단**: 아내가 늙고 병든 송 영감과 어린 자식을 두고
　　　　조수와 함께 달아남
* **전개**: 앵두나무집 할머니는 쇠약해진 송 영감을 보고
　　　　당손이를 남의 집에 주자고 권유함
* **위기**: 송 영감의 건강이 악화됨
* **절정**: 독을 굽다 송 영감이 또 다시 쓰러짐
* **결말**: 송 영감은 자식을 남의 집으로 보낸 뒤, 허전한 마음을
　　　　견디지 못해 뜨거운 가마 속으로 기어가 무릎을 꿇고
　　　　앉음

⊙ 주요 저서: 별/목넘이 마을의 개/학/소나기

미스터 방/채만식

▶ 줄거리

주인 미스터 방과 고향 사람 나그네 백 주사가 거나하게 술을 마신다. 취한 미스터 방은 술김에 삐뚤어진 코를 벌름 벌름 하며 양양히 호기를 부린다. 백 주사는 흔연히 수작을 하면서 내색은 아니 하나 마음속으로 미스터 방이 괘씸하기 짝없었다. 삼복은 짚신을 곱게 삼기로 고을에서 첫째가는 짚신장수의 아들로 삼십을 바라보는 낫 놓고 기역자도 모르는 막일꾼 머슴이다. 그런 그가 어느 날 무슨 생각이 났던지 돈벌이를 위해 처자식을 부모에게 떠맡기고 일본, 중국 등지로 전전하다 10년 만에 빈손으로 돌아온다. 그 후 한 1년 빈둥거리고 놀더니 이번에는 처자식을 데리고 서울로 올라와 비탈의 다 찌부러진 행랑방을 얻어 살면서 이런 저런 일을 하다 결국 신기료장수(헌 신 깁는 일을 업으로 하는 사람)로 생계를 이어가다 해방을 맞게 된다. 모두들 해방이 되었다고 기뻐하지만 삼복은 손님들이 줄어들자 불만스러워한다. 그러나 상해에서 귀로 익힌 토막 영어를 밑천 삼아 미군 장교 S소위의 통역을 맡은 후, 각종 이권에 개입하여 큰 부자가 된다.

한편 삼복과 같은 고향의 백 주사는 아들 봉선이 일제 강점기에 순경을 지낸 덕으로 지주이자 고리 대금업자로 재물을 모았다. 그러나 해방과 함께 군중들의 습격에 재물을 빼앗기고 봉변까지 당하자 아들과 함께 서울로 피신한다. 그러던 어느 날, 삼복을 만난 백 주사는 삼복이 미군 장교의 통역 일을 맡아 한다기에 미군 장교의 도움을 받아 해방 직후 잃었던 재산을 찾을 수 있게 해 달라고 삼복에게 부탁한다. 이에 삼복은 응당 그렇게 하겠노라고 승낙한다. 그리고 양치질을 하던 양칫물을 노대 바깥으로 내뱉는다. 때마침 삼복을 찾아오던 미군 장교가 그 양칫물을 뒤집어쓰자 그 미군 장교는 삼복에게 욕을 하고 주먹질을 해 댄다.

▶ 인물의 성격

방삼복(미스터 방): 신기료장수(헌 신 깁는 일을 업으로 하는 사람)로
　　　해방 직후 미군 장교의 통역 일을 맡아 출세를 함

백 주사: 전형적인 친일파(해방 직후 군중들로부터 봉변을
　　　당하나, 방삼복을 통한 미군 장교의 힘을 빌려 일제
　　　강점기의 부를 회복하려고 함)

S소위: 해방 직후 파견된 미군 장교로 방삼복에게 출세의
　　　길을 열어 줌

➤ **핵심 정리**

* 갈래: 단편 소설, 세태 소설, 풍자 소설

* 배경: 시간적→ 광복 직후

  공간적→ 서울

* 경향: 풍자적, 현실 비판적

* 주제: 해방 직후 외세의 권력을 쫓아 변신하는 세태 비판

* 시점: 전지적 작가 시점

* 출전: 대조(1946)

➤ **구성**

* 발단: 몰락한 백 주사가 출세한 삼복이에게 비위를
  맞추면서 맥주를 마심

* 전개: 해방 직후 미군 장교의 통역으로 취직해 출세의
  길에 오른 삼복

* 위기: 일제 강점기 권세를 누리던 백 주사가 해방 직후
  몰락함

* 절정: 백 주사는 고향 사람 삼복을 찾아가 해방 전 재산과
  그에 따른 복수를 청탁함

* 결말: 자신이 뱉은 양칫물이 미군 장교 S소위에게
  떨어지자 다시 몰락하는 삼복

⊙ 주요 저서: 레디메이드 인생/치숙/탁류/태평천하

돌다리/이태준

▶ 줄거리

정거장에서 샘말 길로 내려오다 보면 건너편 산기슭으로 공동 묘지가 눈에 뜨인다. 봄이면 진달래가 불붙듯 피어나는 야산인데, 지금은 가을이라 낙엽 소리만 적막하게 울릴 것 같다. 창옥이의 무덤이 확실하게 구분되지는 않지만 어디쯤인지는 대략 짐작이 된다. 창섭은 창옥이를 불러 보며 묵례를 보냈다. 지금도 눈에 선하다. 의사의 오진으로 수술 한 번 못하고 그렇게 그녀는 맹장염으로 죽었다. 이런 누이의 허무한 죽음에 창섭은 아버지가 권하는 고등 농업 학교를 마다하고 의학 전문 학교에 들어가 맹장 수술로는 서울서도 정평이 난 의사가 된다. 창섭은 바람도 쌀쌀할 뿐 아니라 오후 차로 돌아가야 할 길이라 걸음을 재촉했다.

창섭의 아버지는 근검하기로 근방에 소문난 영감이다. 그러나 자기 대에 와서는 곡식 값보다 다른 물가들이 오르고 자식들의 학비를 대느냐 밭 하루갈이(일소가 하루 낮 동안에 갈 수 있는 논밭의 넓이)도 늘리지 못했다. 그러니 이런 땅을 팔아서 병원을 늘리겠다고 하는 말은 차마 아버지께 미안한 일이다. 창섭이 고향에 도착했을 때 아버지는 장마에 내려앉은 돌다리를 보수하고 있었다. 그는 이 큰 돌다리에 대한 내력을 아직도

280

기억하고 있다. 어머니는 땅보다, 조상님들 산소나 사당보다, 손자들에게 더 마음이 끌리시는 눈치였다. 시골에 땅을 둔대야 일 년에 고작 삼천 원의 실리를 얻을 수 있다. 그러나 땅을 팔아다 병원을 확장만 한다면 적어도 일 년에 만 원은 실리를 볼 수 있을 것이다. 창섭이, 이다음에 돈을 벌면 얼마든지 좋은 땅을 서울 근교에 살 수 있을 것이라는 말을 한다. 아버지는 가슴 아팠다. 내 할아버님께서 손수 피땀을 흘려 모은 돈으로 장만한 논과 밭 그리고 할아버지가 심은 그 은행나무 밑에 서면 그 어르신의 동상을 보는 듯 경건한 마음이 솟는다는 아버지의 말에 창섭은 더욱 입이 얼어붙었다. 이쯤에서 자기가 계획하고 온 일은 수포로 돌아간 것이 당연하고 또한 아버지와 자기와의 세계가 전혀 다르다는 것을 체험한다. 결국 뜻을 이루지 못한 채 저녁차에 몸을 싣고 서울로 다시 올라간다. 떠나는 자식을 바라보는 아버지의 마음도 유언이나 하고 난 것처럼 외롭고 한편 불안한 마음이다. 다음날 노인은 누구보다 일찍 일어나 어제 고쳐 놓은 돌다리를 보러 나왔다. 흙탕이라고는 어느 돌 틈에도 남아 있지 않았다. 노인은 양치와 세수를 하고 수염을 물로 닦으며 이렇게 생각하였다. 그저 다리는 늘 보살펴야 한다. 사람이란 하늘 밑에 사는 날까진 하루라도 하늘의 이치를 소홀히 해선 안 된다고…

➤ 인물의 성격

창섭(아들): 서울에 살고 있는 의사로 누이의 죽음에 충격을
　　　받아 의사가 됨(물질 지향적인 가치관을 가짐)

아버지: 농사만 지어 온 농부(땅에 대해 강한 애착심과 물질적인
　　　것보다 하늘의 이치를 소중히 여김)

어머니: 아들과 함께 살기를 바라는 평범하고도 소박한
　　　시골 아낙

➤ 핵심 정리

* 갈래: 단편 소설
* 배경: 시간적→ 1930년대 일제 강점기
　　　　공간적→ 어느 시골
* 경향: 사실적
* 주제: 서구적인 물질주의 가치관에 대한 비판
* 시점: 전지적 작가 시점
* 문체: 간결체
* 출전: 국민 문학(1943)

➤ 구성

* 발단: 창섭은 누이가 맹장염으로 죽자 아버지의 뜻을
　　　어기고 의사가 됨

282

* **전개**: 의사인 아들 창섭이 어느 날 갑자기 고향을 찾아옴

* **위기**: 아버지에게 아들 창섭이 땅을 팔아 병원을
      확장하자고 함

* **절정, 결말**: 아버지는 아들 창섭의 뜻을 거절하고 땅의
      소중함을 역설함

⊙ 주요 저서: 달밤/까마귀/복덕방/마부와 교수

B사감과 러브 레터/현진건

▶ 줄거리

　여학교의 교원 겸 기숙사 사감인 B여사는 사십에 가까운 노처녀로 딱장대(온화한 맛이 없이 딱딱한 사람), 독신주의자, 찰진(아주 심한) 야소꾼(예수꾼)으로 유명하다. 그녀는 주근깨투성이로 처녀다운 맛이란 전혀 없는데다가 시들고 마르고 누렇게 떠서 곰팡 슨 굴비를 연상케 한다. 누가 보더라도 분명 늙은 모습에 꾹 다문 뾰족한 입 그리고 돋보기 너머로 쌀쌀맞게 노려볼 때의 그 모습은 정말이지 몸이 오싹할 정도이다. 그녀는 기숙생들에게 온 남학생들의 러브 레터를 몹시 싫어한다. 학교도 유명하고 예쁜 여학생이 많은 탓인지, 하루에도 몇 통씩 학교로 배달된 남학생의 러브 레터를 받게 될 여학생들을 불러서 미주알고주알 바른 대로 말하지 않으면 퇴학을 시키겠다는 등 잡아먹을 듯이 날벼락을 친다. 그녀의 호출은 방과후에 시작되는데 보통 두 시간이 넘도록 계속된다. 그녀는 사내란 믿지 못할 마귀이며 연애가 자유라는 것도 악마의 소리라고 억지를 늘어놓은 다음, 무릎을 꿇고 악마의 유혹에 떨어지려는 어린 양을 구해 달라고 기도를 올린다. 그녀가 두 번째로 싫어하는 것은 남자들이 기숙사로 면회하러 오는 일이었다. 친부모, 친동기간이라도 면회를 허용하지 않는다. 그러자 학생들이 동맹 휴업을 하였고 이어서 교장이 나서서 그녀를 타일렀는데도 그 버릇을 여전히 고치려 하지 않는다. 금년 가을 들어서 이 B사감이 감독하는 기숙사에 이상한 일이 발생한다. 밤이 깊어 학생들이 곤히 잠든 새벽 한 시경, 난데없이 깔깔대는 웃음과 속살속살(작은 목소리로 수다스럽게 속닥거리는 모양)하는 듯한 소리가 새어 나온다. 하루 이틀이 아니라 계속 이런 일이 있었다. 세 여학생은 하나같이 로맨틱한 상상이 떠오르자 뺨이 후끈후끈 달았다. 한 방에서 잠을 자던 그들은 호기심 때문에 컴컴한 복도를 따라 사감실로 향하였다. 그리고 방문을 빠끔히 열자 뜻밖의 광경에 소스라친다. 침대 위에는 기숙생에게 온 러브 레터의 봉투가 너저분하게 흩어져 있고 편지 또한 두서없이 펼쳐진 가운데 B사감 혼자 중얼거리며 일어났다 앉았다 한다. B사감은 누군가를 끌어당길 듯이 두 팔을 벌리고 애원하는 표정으로 키스를 원하는 것처럼 입술을 뾰족이 내민다. 그러다 제풀에 겨워 자지러지게 웃는다. 그리고 문득 편지 한 장을 집어 얼굴에 문지르며 사랑에 대한 넋두리를 한다. 그 음성은 분명 울음의 가락을 띠었다. 이 광경을 본 첫째 여학생은 미쳤다 생각하고, 둘째 여학생은 불쌍하게 생각했으며, 셋째 학생은 손으로 고인 눈물을 닦는다.

▶ 인물의 성격

B사감: 40대의 못생긴 노처녀로 권위 의식이 있음
    (이성에 있어 겉과 속이 다른 위선적 행동을 보임)
세 처녀들: 기숙사 생활을 하는 여학생으로 B사감의 본심을
    알고 연민을 느낌

▶ 핵심 정리

* 갈래: 단편 소설
* 배경: 시간적→ 일제 강점기(1920년대)
        공간적→ 여학교 기숙사
* 주제: 위선적인 인간성 풍자(인간의 이율 배반적 심리 상태
        표현)
* 시점: 전지적 작가 시점
* 출전: 조선 문단(1925)

▶ 구성

* 발단: 노처녀 B사감의 외모
* 전개: B사감의 러브 레터에 대한 억지와 편협한 생각
* 위기: 면회 허용을 요구하는 여학생들과 교장 선생님의
        권고에도 그것을 받아들이지 않는 B사감
* 절정: 사감실에서 러브 레터를 보며 사랑을 속삭이는 듯한

B사감의 독백이 흘러나옴

* **결말**: B사감의 행동을 엿보던 세 여학생은 그 광경을 보고
미쳤다. 불쌍하다. 애처롭다는 생각을 가짐

⊙ 주요 저서: 빈처/운수 좋은 날/고향/술 권하는 사회/
무영탑

삼대/염상섭

▶ 줄거리

조 의관은 어려움 속에서도 많은 재물을 모아 의관이라는 벼슬을 샀으며, 족보 또한 새롭게 만든 봉건주의적인 인물이다. 그는 칠순으로 부인이 죽자 서른을 갓 넘긴 수원댁과 다시 장가를 들어 네 살바기 딸 귀순이까지 두고 있다. 아들 상훈은 그의 뜻과는 달리 예수교 신자로 집안의 제사는 기독교 교리에 맞지 않는다며 전혀 집안을 돌보지 않는다. 그래서 집안일은 손자인 덕기와 의논해서 결정하고 자신이 죽고 난 후 재산 관리도 덕기에게 맡기려 한다. 조상훈은 미국 유학까지 마친 인텔리이다. 그는 사회 운동과 교육 사업에 큰 뜻을 품고 사업에 직접 투자하기도 하고 독립 운동가의 가족들도 돌본다. 그래서 주변 사람들로부터 존경을 받지만 실은 놀라울 정도로 이중적인 생활을 하는 난봉꾼인 것이다. 더욱이 자기가 돕던 독립 운동가의 딸 홍경애를 농락하여 딸까지 낳게 된다. 또한 딸 같은 어린 소녀 김의경을 첩으로 삼는다. 덕기는 할아버지나 아버지와 다른 신세대적인 인물로 잠시 방학이 되어 서울에 와 있다가 일본으로 돌아가기 위해 짐을 싼다. 이때 덕기의 친구인 병화가 찾아온다. 조 의관은 손자가 마르크스주의를 신봉하는 친구 병화와 같이

다니는 것이 마음에 걸린다. 그러나 할아버지의 걱정과는
달리 덕기는 병화의 일에 동조를 하기는 해도 그와 다른 꿈
이 있기 때문에 병화의 핀잔에도 그다지 신경을 쓰지 않는
다. 그는 필순이라는 여직공의 집에서 하숙을 하는데, 필순
의 아버지는 젊어서 좌익 운동을 했던 사람으로 병화에게는
선배격이다. 덕기는 필순에게 공부까지 시켜주겠다고 관심
을 보이지만 병화는 이를 반대하고 나선다. 그것은 갑부 집
안과 여직공은 신분도 어울리지 않을 뿐더러 서로 간에 사랑
의 감정이 싹틀 경우 필순이가 불행해지리라고 생각했기 때
문이다. 한편 덕기는 방학이 끝나 일본으로 가지만 할아버
지(조부)의 생명이 위독하다는 소식을 듣고 서둘러 귀국한
다. 낙상을 하여 몸져누웠던 조 의관은 덕기가 돌아오자 안
도의 한숨을 내쉰다. 이때 덕기는 할아버지(조부)의 재산을
지켜야겠다는 생각을 한다. 그런데 할아버지(조부)의 임종을
앞두고 조씨 가문의 불화와 암투가 재산 분배 과정에서 정면
으로 드러난다. 조 의관의 재취(아내를 여의고 다시 장가를 드는 일)인
수원집과 그를 조 의관에게 소개해 준 최 참봉 등이 재산을
가로챌 욕심으로 유서 변조를 공모하고 조 의관을 독살한
다. 여기서 의사가 사인을 밝히기 위해 배설물을 검사한 결
과 비소(비금속 원소의 한 가지로 농약이나 의약 등에 쓰임) 중독으로 드러났
다. 그런데도 상훈은 더 명확한 사인 규명을 위해 사체 부검

을 주장한다. 그러나 집안 어른들의 완강한 반대에 부딪혀 좌절되고 범인 찾기도 흐지부지 되고 만다. 결국 재산 관리권은 덕기에게 돌아간다. 이에 불만을 품은 상훈은 법적 상속자인 자신을 건너뛰고 아들인 덕기에게 그 권리가 넘어가자 가짜 형사로 하여금 금고와 문서를 훔쳐 달아나게 하다 경찰에게 붙잡히고 만다.

홍경애는 독립 운동가의 딸이요 교원까지 지낸 수려한 미모의 현대적인 여성이다. 한때 조상훈과 가까이 지내다 아이까지 낳았다. 그러나 상훈에게 버림받은 뒤로 딸을 혼자 키우면서 친구의 카페에서 여급으로 생계를 꾸려 나간다. 그러던 중 외가에서 피혁이라는 가명의 이우삼이 찾아와 믿을 만한 사회주의 운동가를 추천해 달라고 한다. 그러자 경애는 병화에게 접근하여 이우삼과 연결시켜 주는 한편으로 과거에 연연하지 않고 자신의 운명을 개척하기 위해 나름 애쓴다. 경애와 병화는 피혁이 주고 간 자금으로 조그마한 가게를 꾸려 운동 자금을 마련하려 하지만 그것이 일명 장개석이라고 하는 장훈의 패거리에게 오해를 사 피습을 당한다. 조 의관의 사망과 병화를 둘러싼 사회주의자들의 동향을 하나의 사건으로 엮어 덕기의 집안과 병화, 경애, 장훈, 필순 등을 일제 경찰들이 연행해 간다. 조사가 진행되는 과정에서 장훈은 비밀 유지를 위해 코카인으로 음독 자살을 한다.

장훈의 자살로 갑자기 조사가 미궁에 빠지자 연행되거나 검거되었던 사람들은 모두 풀려 나오게 되고, 상훈도 결국 훈방 조치로 풀려난다. 그러나 병화만은 감옥에 남는다. 필순의 아버지는 목숨이 끊어지기 전 덕기에게 모녀의 앞날을 부탁한다. 그는 왜 자기에게 식구들을 떠맡기는가에 대하여 생각한다. 그리고 이내 자신을 신뢰하는 것은 진정 자신이 아니라 돈이라고 여긴다. 그렇다 해도 그러한 사람을 거두고 돌보는 것은 자신의 몫일 것이다. 이어서 그는 조씨 가문의 유업을 어떻게 이끌어 나갈 것인가에 대해 아득함을 느낀다.

▶ **인물의 성격**

조 의관(할아버지): 미천한 신분으로 성공한 신흥 재산가이자 봉건주의자로 재취 수원댁의 일당에게 독살당함

수원댁(조의관의 재취): 자신의 이익을 위해 물불을 가리지 않는 여인

조상훈(아들): 덕기의 아버지로 미국 유학을 다녀온 기독교 신자(주체성이 결여된 이중적인 인간으로 쾌락과 안일만을 추구하는 과도기적 인텔리)

조덕기(손자): 할아버지, 아버지 세대와 다른 신세대로 비교적 합리적인 현실주의자(사회주의 운동의 심정적

동조자)

덕기의 처: 구식 교육을 받은 순종적인 여인

김병화(목사의 아들): 덕기의 친구(극단적인 개화기의 전형적인
　　사회주의자)

홍경애(독립 운동가의 딸): 덕기의 초등학교 동창
　　(희생적이기는 하나, 인간에 대한 불신감을 가짐)

이필순: 가족의 생계를 책임짐
　　(현실을 잘 극복해 나가는 인물)

김의경(몰락하는 양반집의 딸): 신식 교육을 받음
　　(상훈의 첩으로 타락의 길을 걷는 여인)

▶ **핵심 정리**

* 갈래: 장편 소설, 세태 소설
* 배경: 시간적→ 일제 강점기(1930년대 3 · 1운동 전후)
　　　　공간적→ 서울의 만석꾼 조씨 집안과 주변
* 경향: 사실적
* 주제: 일제 강점기 중산층 가문의 현실과 세대간, 계층간의
　　　　갈등과 몰락
* 시점: 전지적 작가 시점
* 문체: 만연체
* 출전: 조선일보(1931)

➤ **구성**

* **발단**: 방학 동안 서울 집에 머무르는 유학생 덕기가 친구
  병화를 만남
* **전개**: 집안의 갈등을 알게 되는 덕기
* **위기**: 할아버지 조 의관의 병환
  (최 참봉과 수원댁의 모략)
* **절정**: 조 의관이 죽은 후 집안의 갈등과 사회주의 사건으로
  덕기와 주변 사람들이 체포됨
* **결말**: 무혐의로 풀려난 덕기가 집안의 유업을 어떻게 이끌어
  나갈지 고민함

⊙ 주요 저서: 표본실의 청개구리/두 파산/만세전(장편)/
  무화과(장편)

서편제/이청준

▶ 줄거리

전라도 보성 땅에는 소릿재라는 곳이 있다. 한적하게 위치한 그곳에는 주막이 있는데 주막집 여인은 예사롭지 않은 소리꾼이 있었다. 어느 날 사내가 소릿재 여인의 이야기를 듣고 찾아온다. 손님들의 재촉에 여인은 수궁가 한 대목을 뽑는다. 이어서 사내가 그녀에게 과거의 자취를 묻는다. 여인은 사내가 하도 조르는 통에 다음과 같은 사연을 하나씩 하나씩 털어놓는다.

어느 해 가을, 주막집 여인이 허드렛일 해 주던 읍내의 한 대갓집 사랑채에 소리꾼 부녀가 찾아들었다. 주인집 어른은 두 부녀를 사랑채 손님으로 받아들여 그 가을 한 철 동안 소리를 즐기며 지냈다. 그러나 쉰 살이 넘은 소리꾼 아비는 병세가 악화되자 계집아이를 데리고 그 집을 나온다. 그리고 소릿재 근처의 빈집에 머물면서 밤마다 소리를 가르쳤다. 그 계집아이의 소리를 들은 고개 아랫마을 사람들은 그의 소리에 공감을 했는지 까닭 없는 한숨 소리만 삼킬 뿐이었다. 그 해 겨울 소리꾼 아비가 숨을 거둔 후에도 계집아이는 혼자 오두막에서 아비를 대신하여 소리를 시작한다. 이를 보다 못한 주인어른은 계집아이를 보살피도록 허드렛일 하는 계집

아이(현재의 주막집 여인)와 술청지기 사내를 오두막집으로 보내 주막을 차리게 했다. 그것이 계기가 되어 주막집 여인은 소리꾼 계집아이에게 소리를 배우게 되었다는 것이다. 그리고 어느 겨울인가 밤새도록 소리만 하더니 소리꾼 여자가 혼자 집을 나간 채 영영 종적을 감추었다. 그녀의 이야기를 다 듣고 나자 사내는 자신도 과거의 기억 속으로 빠져들기 시작했다.

사내가 어렸을 적 어머니는 무덤가 잔디밭에 소년을 매어두고 밭일을 하곤 했다. 그런데 어느 날부터인가 정체를 알 수 없는 남자가 숲 속에서 날만 밝으면 소리를 하는 것이었다. 소년은 엄마가 죽자 소리꾼이 엄마를 죽인 것으로 오인하여 그를 증오하게 된다. 사실 엄마는 아이를 낳다가 심한 복통 끝에 죽은 것이다. 그것도 모르는 소년은 그 소리꾼을 죽이려 마음먹는다.

이윽고 깊은 상념에서 깨어난 사내는 주막집 여인에게 소리꾼 여자의 행방을 물었다. 하지만 그녀는 그 여자의 행방을 전혀 짐작하지 못하며 단지 그 여자가 장님이었다는 사실을 말해 준다. 또한 장님이 된 것은 여자의 아비가 잠든 계집의 눈 속에다 청강수(염산)를 몰래 찍어 넣었다는 것이다. 그런 사연을 듣자 다시 사내는 비정한 소리꾼 아비의 과거를 떠올린다. 소리꾼 아비는 소년에게는 북을 치게 하고 계집아이에게는 소리를 가르쳤다. 그러나 소년은 단지 어머니의 복수를 위해 따라 다닐 뿐이었다. 기회만을 노리던 어느 날, 소리꾼 아비는 쉬엄쉬엄 소리를 뿌리며 산길을 지나 한 산마루 고갯 길에 이르더니 자리를 잡고 앉아 다시 목청을 놓기 시작하는 것이었다. 그리고 마침내 힘에 부쳤는지 가랑잎 위로 스르르 잠이 든다. 이때 소년이 그를 죽이려 했으나 결국 죽이지 못 하고 두 사람 곁을 떠나 버리고 만 것이었다. 그날 밤도 그는 안타깝게 그녀를 찾아 헤매는 사내의 소리를 듣고 있었다.

사내가 마침내 제풀에 겨운 얼굴로 여인을 제지하고 나선 것은 그녀를 위해서가 아니었던 셈이다. 결국 여인은 입을 다물어 버리고 말았다. 주막집 여인은 사내가 예전의 그 소 년임을 알아채고, 장님이 되어 버린 소리꾼 여자를 다시 찾 아 떠날 것이냐고 묻는다. 그러자 사내는 멀리서나마 그 여 자의 소리만이라도 한 번 듣고 싶다고 말을 한다.

➤ 인물의 성격

사내: 소리꾼 아비의 의붓아들(어릴 적에 헤어진 의붓자식
　　　여동생을 찾아 방황함)

주막집 여인: 혼자서 주막을 지키면서 살아가는 서른
　　　살쯤의 소리꾼

소리꾼 아비: 소리를 위해 오십 평생을 떠돌다 병으로 죽음

소리꾼 여자: 아버지에 의해 눈을 잃은 열다섯 살 정도의
　　　계집아이(삶의 한을 소리로 승화시킴)

▶ **핵심 정리**

* 갈래: 연작 소설, 액자 소설

* 배경: 시간적→ 1950년대 말

　　　공간적→ 전라도 보성 땅 한적한 소릿재 주막

* 주제: 인간으로서 더 이상 억누를 수 없는 한과 그 승화

* 시점: 작가 관찰자 시점　 * 출전: 뿌리깊은 나무(1976)

▶ **구성**

액자 구성

* 발단: 북을 치는 사내(의붓아들)가 소릿재 주막의 여주인인
　　　소리꾼을 만남

* 전개: 주막의 여주인이 소리꾼 아비와 딸에 대한 이야기를 함

* 위기: 여자의 아비가 잠든 딸아이의 눈 속에다
　　　청강수(염산)를 몰래 찍어 넣음

* 절정: 소리꾼 여자(소리꾼 아비의 딸)는 혼자 집을 나간 채
　　　영영 자취를 감춤

* 결말: 사내(의붓자식)는 소리꾼 여자의 소리를
　　　한 번만이라도 듣고 싶다고 희망함

⊙ 주요 저서: 병신과 머저리/소문의 벽/당신들의 천국/눈길

소문의 벽/이청준

➡ 줄거리

잡지사 편집 일을 하는 '나'는 밤늦게 집으로 돌아오다가 길에서 한 사내를 만난다. 그 사내는 누군가에게 쫓기는 듯 '나'를 보고 도움을 청한다. '나'는 '나'의 하숙방에서 그와 함께 하룻밤을 지내면서 그의 이상한 행동에 호기심을 갖는다. 아침에 깨어난 '나'는 그가 사라진 것을 발견하고 이상하다는 생각에 집 근처의 정신 병원을 찾았다. 공교롭게도 거기서 도망친 환자가 박준이라는 사실을 알게 된다. 담당 의사인 김 박사는 박준이 무엇인가로부터 끊임없이 위협당하고 있다는 공포감 때문인지 어떤 진술이든 거부하는 일종의 히스테리성 진술 거부증에 걸렸다고 말을 한다. '나'는 그냥 지나칠 수 없어서 그에 대한 과거를 알아보기로 하였다. 박준의 본명은 본디 박준일로서 얼마 전만 해도 작품을 정열적으로 발표하며 살았던 소설가이다. '나'는 그의 '괴상한 버릇', '벌거벗은 사장님' 같은 소설은 말할 것도 없고 미발표작인 중편 소설도 읽게 된다. 그 소설 속에는 그가 어린 시절 6.25 당시, 전짓불의 공포 앞에서 자백을 강요받았던 기억이 소설 작업에 연관되어 나타난다는 것과 박준 자신이 광인으로 취급받음으로써 그 전짓불과 불안한 소문들로

부터 해방되기 위해 스스로 정신 병원에 입원한 사실도 알아
내게 되었다.

남해안의 조그만 포구가 고향인 박준은 6.25가 발발하던
해 가을 밤, 정체 모를 사내들이 들이닥치면서 전짓불을 들
이대더니 다짜고짜 좌익이냐 우익이냐를 묻자 그는 순간 공
포감을 느꼈던 것이다. '나'는 김 박사를 찾아가서 그의 병
적인 원인을 털어놓는다. 그러나 김 박사는 박사라는 권위
의식 때문에 '나'의 말은 듣지 않고 박준의 진술을 자기 방
식대로 진단하면서 끝내 '나'의 말을 들어주지 않는다. 결국
김 박사는 박준이 입원하고 있는 병실의 불을 끄고 전짓불을
들이대는 그런 치료 방법을 택한다. 그날 밤 박준은 병실을
도망쳐 나가 버린다. '나'는 길을 걸으면서 문득 박준이 다
시 내 앞에 나타날 것인가를 의심해 보면서 김 박사나 '나'
나 박준의 병세를 더 악화시켰다는 생각에 괴로워한다.

➤ 인물의 성격

'나'(서술자): 잡지사 편집장(박준에 대하여 호기심을 가짐)

박준: 소설가(정체 불명의 두려움을 벗기 위해 정신 병원으로 감)

안 형: 자기 선에서 생각하고 말함(부풀려 소문을 만듦)

김 박사: 권위주의에 입각한 치료법 선택(전짓불 치료를 강행
하므로써 박준을 사지로 내몰음)

▶ 핵심 정리

* 갈래: 중편 소설, 액자 소설
* 배경: 시간적→ 70년대
    공간적→ 억압적인 사회 풍토가 팽배한 도심지
* 경향: 상징적, 실존적
* 주제: 외부의 압력과 정신적 갈등으로 진실을 거부하는
    작가의 양심적 상처와 권위주의적 존재에 대한 비판
* 시점: 1인칭 관찰자 시점
* 출전: 문학과 지성(1971)

▶ 구성

액자 구성

* 발단: 골목길에서 우연히 사내(박준)를 만남
* 전개: 박준의 이상한 행동에 호기심이 생긴 '나'는 인근의
    정신 병원을 찾음
* 위기: 박준의 치료 방법을 놓고 '나'와 김 박사 사이에
    의견 대립을 보임
* 절정: 전짓불의 공포로 박준이 병원을 탈출함
* 결말: 박준의 행방 불명

⊙ 주요 저서: 병신과 머저리/서편제/당신들의 천국/눈길

아우를 위하여/황석영

➡ 줄거리

   형인 '나'는 입대한 아우에게 뭔가 자신의 유년 시절에 대한 체험을 바탕으로 유익하고 힘이 될 만한 이야기를 들려주고 싶어서 편지를 쓴다. 그리고 그가 열한 살 초등 학교 교실에서 있었던 일을 회상한다. 영등포의 먼지가 나는 공장 뒷길로 폭격에 부서진 기차 화통 구석진 곳에서 먼지를 쓴 까마중 열매가 제법 달콤한 맛으로 '나'를 유혹한다. 그 무렵 우리가 눈이 시뻘게서 찾아다니던 총알이 노깡 속에 많이 있다기에 '나'는 애들도 무서워 꺼리는 캄캄한 노깡 속으로 들어갔다가 공포에 질려 그만 기절했었다는 이야기를 너는 어머니로부터 들은 적이 있을 것이다. 그 이후로 노깡 속에서 느꼈던 공포를 잊지 못하고 악몽에 시달렸다. 그리고 그 일로 인해 '나'는 형편없는 겁쟁이가 되었다. 그러던 어느 날 어떤 아름다운 여학생이 공포의 본질을 알려 준 후로 공포를 극복하게 되었다. '나'는 그녀를 사랑하면서 무어라 꼭 집어내어 이야기할 수는 없지만 진보의 의미와 사랑의 가치를 배웠다.

   수복 직후 '나'는 피난지 부산에서 수년이 지난 뒤 서울로 전학을 오게 된다. 우리 학교는 전쟁 통이라 학년별로 여기저기 빈 창고나 들판에서 나이배기나 질이 나쁜 학생들과 함께 공부를 하고 있다. '나'는 메뚜기라는 별명을 가진 담임 선생님이 마음에 들지 않았다. 그 선생님은 교육에 있어서 별로 흥미가 없는 것 같았고, 오직 무슨 가게를 부업으로 하는지 툭하면 자습 시간을 주고선 온종일 밖으로 나돌았다. 내가 전학을 가기 전인 1학기에는 장판석이 약골인 반장 석환이를 무시한 채 학급을 쥐고 흔들었다. 그러나 내가 전학한 후로 신입인 나이 많고 힘 좋은 영래가 운수와 종하라는 아이를 데리고 학급을 장악하면서 갖가지 난폭한 행동을 한다. 대부분의 다른 애들은 그들의 폭력에 속수무책으로 당하고 담임 선생님이 자리를 비울 적마다 교실은 이들의 횡포에 놀아난다. 그러던 어느 날 학교에 가니까 아이들이 술렁대고 있었다. 담임 선생 메뚜기는 사범학교 졸업반인 여학생이 교생 실습을 나왔다며 소개를 한다. '나'는 그 교생 선생님이 나오는 학교에 가는 일이 한편으로 즐거웠다. 그는 열성적이고 부드러운 말로 공평하게 우리들을 대한다. 그러나 '나'는 나의 월등한 실력을 알아주지 않는 그 교생 선생님이 야속했다. 교생 선생님의 노력으로 반장 영래의 힘은 약해지고 학급 또한 분위기가 좋아졌다. 아이들도 이젠 영래를 잘 따르지 않을 것이라고 '나'는 생각한다. 얼마 전 자치회만 하더라도 영래의 힘에 의해 일방적으로 처리된 것을 알게 된 교생 선생님은 아이들에게 화를 낸다. 그것을 못마땅하게 여긴 종하가 수업 시간에 교생 선생님을 비방하기 위해 음탕한 쪽지를 돌린다. '나'는 그것을 거부한다. 이 문제로 교실이 시끄러워지자 아이들이 뒤로 한꺼번에 몰려들어 제각기 떠들었다. 이때 판석이가 가세하고 많은 아이들이 비난하자 영래를 따르는 아이들은 꼬리를 내린다.

여기서 '나'는 '노깡 속의 어둠을 생생히 기억한다. 그것이 아니라도 아이들이 존경하는 그이가 옆에 계시니까 욕스럽게 하지 말아야겠다고 스스로 깨달았던 것만은 분명하다. '나'는 윤리적인 무관심으로 인해 정의가 짓밟히는 일이 있어서는 안 된다고 생각한다. 함께 저항하는 것이 우리 모두의 힘이라는 것을 너나 나나 항상 기억해야 할 것이다.

▶ 인물의 성격

'나'(형): '나'의 어린 시절 체험을 아우에게 편지로 전함
(부정한 힘에 대응하는 참된 용기를 일깨움)

이영래(15세): 폭력으로 학급을 장악함
(부정한 권력자의 전형)

담임 선생님(메뚜기): 폭력적인 영래의 행동을 묵인하는
편의주의자

교생 선생님: '나'의 정신적 성장을 돕는 역할을 함(민주적

이고 합리적임)

➤ 핵심 정리

* 갈래: 단편 소설

* 배경: 시간적→ 1950년대 6.25 전쟁 직후

　　　　 공간적→ 서울의 어느 초등학교

* 경향: 사실적

* 주제: 소수의 강자 앞에 다수의 약자가 힘을 합치면

　　　　 진정한 강자가 될 수 있음을 비유적으로 보여 줌

* 시점: 1인칭 주인공 시점　 * 출전: 신동아(1972)

➤ 구성

액자 구성

* 발단: 아우에게 보내는 '나'의 편지

* 전개: '나'는 노깡 속으로 총알을 주우러 들어갔다가 공포에
　　　　 질려 기절함

* 위기: 종하가 교생 선생님을 비방하기 위해 음탕한 쪽지를
　　　　 돌리자 '나'는 이를 거부함

* 절정: 많은 아이들이 비난을 하자 영래를 따르는 아이들이
　　　　 꼬리를 내림

* 결말: 약자도 힘을 모아 저항하면 강자의 횡포를 막을 수 있음

⊙ 주요 저서: 오래된 정원/손님/삼포 가는 길/장길산

역사(力士)/김승옥

▶ 줄거리

'나'(외부 이야기의 서술자)는 언젠가 공원의 벤치에 앉았다가 우연히 머리가 덥수룩한 한 젊은이로부터 허풍도 좀 섞인 듯한 이야기를 그대로 옮겨 보는 것이다. 그 젊은이(내부 이야기의 서술자인 '나')는 지방에서 서울로 올라와 희곡을 쓰며 사는 현실적으로 대책이 없는 사람이다. 방금 잠에서 깨어난 '나'는 지나치게 깨끗한 벽과 방을 보면서 비몽사몽간에 낯설어 안절부절못한다. 특히 어렸을 때의 기억이지만 한밤중에 잠에서 깨어나 집 밖의 가로등 불빛이 창으로 스며들면 천정으로 희미하게 보이는 무늬가 떠오른다. 그러면 여기가 남의 집이라는 것을 알고 이내 그 집을 달려나가 집으로 간 적도 많았다. 이미 어릴 적 고향에서의 일이었지만 지금 여기는 서울이다. 방 밖에서 마루를 가볍게 걷는 소리가 나고 잠시 후 '엘리제를 위하여'라는 곡이 피아노를 통해 들리자 그제야 친구의 권유로 동대문 곁에 있는 창신동의 너절한 빈민가에서 벗어나 병원처럼 깨끗한 양옥집으로 하숙을 옮겼음을 깨닫는다. 생각하면 어처구니없는 기억의 단절이었다. 우스운 얘기지만 심지어 오줌 누는 법을 잊어버린 때도 있었다. 새로 하숙해 온 이 양옥집은 가풍이 좋은 집안으로 창신동과는 여러모로 비교가 된다. 퇴폐적이고 무질서한 창신동 사람들과 질서가 잡히고 규칙적인 생활을 하는 이 집 사람들과는 동질적일 수가 없다. '나'는 이 집 식구들의 얼굴을 덮어 누르고 창신동 식구들의 얼굴이 떠오르자 적지 않게 괴로워했다. 그곳에 있을 때에는 매일 저녁때면 술집으로 간다. 내가 단골처럼 드나드는 곳은 함흥집으로 함경도에서 왔다는 어느 노파가 경영하는 술집이었다. 지금도 눈에 선하다. 어느 날 저녁 그 술집에서 사십대로 보이는 턱수염이 짙고 커다란 몸집의 군용 작업복을 입은 막노동꾼 서씨를 알게 된다. 그는 한밤중을 택하여 '나'를 동대문으로 데리고 갔다. 그리고 그는 날랜 몸짓으로 마치 곡예단의 원숭이가 장대를 타고 올라가듯이 동대문 성벽을 익숙하고 민첩한 솜씨로 올라간다. 잠시 후, 금고만한 큰 돌덩이를 그의 손에 각각 하나씩 집어서 번쩍 자기의 머리 위로 치켜 올리는 것이었다. 그 광경에 감탄하고 있던 '나'에게 서씨는 아무에게도 들려주지 않았다는 서씨 집안의 얘기를 한다. 그는 중국인 아버지와 한국인 어머니 사이에서 태어난 함경도 출신으로 그의 선조는 대대로 중국에서 이름이 있는 역사들이었다. 그는 이렇게라도 힘이 유지되고 있음을 선조들에게 알린다고 말한다. 그곳을 뚝 떠나서 이 한결같은 곡이 한결

같은 악기로 연주되는 집에 오자 그것은 견디어 낼 수 없는 권태와 이 집에 대한 혐오증으로 형체를 바꾸는 것이었다. 처음에는 이 집이 존경스러웠다. 이 가족의 계획성 있는 움직임, 약간의 균열쯤은 금방 땜질해 버릴 수 있도록 훈련되어 있는 전진적 태도, 무엇인가 창조해 내고 있다는 듯한 자부심이 만들어 준 그늘 없는 표정 그리고 문화라는 말을 쓸 수 있는 사람들이 있다면 바로 이 사람들이었다. 그러나 그 어느 지점이 무한히 먼 곳에 있을 때도 우리는 그들이 거리를 단축시키고 있다고 생각할 수 있을까? 더구나 나로 하여금 기타 치는 시간의 제약까지를 주어 가면서 말이다. 그 후로 '나'는 할아버지가 내게 배당한 그 시간을 이용해 본 적이 하루도 없었다. 흥이 나지 않아서였다고 하는 편이 적당한 표현이 되겠다. 그날 오후 식구들이 돌아올 무렵에 나는 밖으로 나섰다. 그리고 약방에 들렀다가 집으로 돌아왔을 때 식구들은 밥상을 받아 놓은 채 내가 올 때까지 기다리고 있었다. 만일 내가 이 집 식구들의 음료수에 가루약을 타지 않고 지금 바로 그 빈민가로 돌아간다면 여기서 '나'에게 무슨 행동을 할 것인가 생각해 보았다. 그렇다고 이 계획을 중지하고 싶지도 않았다. 가루약은 성공적으로 음료수에 용해되었다. 얼마 후 나는 모두가 그 물을 마시고 들어가는 것을 분명히 보았다. 그리고 각자 자기 방으로 돌아가는 것을 보았다. '나'는 잠들지 못하고 몸을 이리저리 뒤척이고 있을 그들을 상상해 보았다. 나는 피아노 앞으로 다가가서 뚜껑을 열었다. 건반이 어둠 속에서 하얗게 웃고 있었다. 물론 곡도 무엇도 아닌 광폭한 소리만이 이 집을 떠내려 보낼 것이다. 몇 개의 기침 소리만 들릴 뿐 방문을 열고 나온 사람은 할아버지뿐이었다. 나를 빤히 쳐다보며 어느 쪽이 틀렸느냐고 물었다. 나로서는 딱히 무어라 말할 수가 없었다. 그러고 보니 아무도 틀린 사람은 없는 듯하다, 그 젊은이가 보았다는 두 생활이 사실 내 바로 곁에 공존하고 있다면 나도 좀 멍청해져 버리지 않을 수 없으리라는 느낌뿐이었다.

▶ 핵심 정리

* 갈래: 단편 소설

* 배경: 시간적→ 1960년대

        공간적→ 서울 창신동과 동대문

* 주제: 현대인들의 일상 생활에 대한 시각적 이중성

* 시점: 1인칭 주인공 시점

* 출전: 문학 춘추(1964)

⊙ 주요 저서: 누이를 이해하기 위하여/무진 기행/

          서울 1964년 겨울/서울의 달빛 0장

외딴방/신경숙

➡ 줄거리

영등포여고 부설 산업체 특별 학급의 동창생인 하계숙이 내가 작가로 부상한 것을 알고는 전화를 걸어 왜 우리 이야기는 안 쓰느냐고 나무라자 '나' 는 지난 시절의 이야기를 쓰고자 결심했다.

시골에서는 그럭저럭 살만 했던 열여섯의 '나' 는 밭일이 지겨워 쇠스랑을 우물에 빠뜨리고 1978년 외사촌 언니와 함께 고향을 떠나 서울로 온다. 그 뒤 취업을 위해 직업 훈련원에 다니면서 고학하는 큰 오빠와 함께 미로처럼 복잡한 가리봉동의 '외딴 방' 에 산다. 그리고 구로 공단에 있는 동남전기주식회사에 취업을 해 일당 7백 원을 받고 일을 한다. 이 시절에 '나' 는 그 시절 가난한 농촌 출신의 여공들이 대개 그런 것처럼 하루 12시간 정상 근무와 잔업, 일요 특근 등등 고된 노동과 열악한 노동 현장에서 시달렸고 다른 한편으로는 빵을 물고 사글세방에서 가난과 고독의 절망에 시달렸다. 그러나 '나' 는 이런 일상과 싸우면서도 상경의 목표를 잊지 않고, 1979년부터 공장 일을 마친 뒤 영등포여고 부설 산업체 특별 학교로 달려간다. 그런 내가 여고를 다니기 위해 잔업 거부에 동참도 못하고 끝내 노조에 탈퇴서를 낸다.

평소 '나'를 따뜻하게 대해 주었던 노조 지부장이나 미스 리 언니와 행동을 같이 할 수 없었던 이런저런 일과 불편함을 감수하면서까지 이 길을 힘겹게 선택한 것은 다름이 아닌 내가 소중하게 품고 있었던 문학적 열망을 위해 '나'의 배움을 포기할 수 없었기 때문이다. 이런 생활을 하던 79년 봄 '나'는 서른일곱 가구가 다닥다닥 붙어 있는 거기에서 희재 언니를 처음 만난다. '나'는 희재 언니와 자연스럽게 친밀한 관계가 된다. 그러나 희재 언니는 결국 '사는 게 왜 이렇게 힘든 거니?'라는 말을 남기고 자살한다. '나'는 희재 언니의 죽음을 보고 외딴방에서 탈출하듯 도망간다.

▶ 인물의 성격

'나' (서술자): 소설가

하계숙: '나'의 여고 동창생

　　　(전화를 걸어 '나'의 자의식을 일깨움)

희재 언니: 가정 형편으로 어렵게 살지만 의상실 재단사와

　　　사랑에 빠짐(애인의 아이를 낙태하라는 말에 절망하여

　　　자살함)

▶ 핵심 정리

* 갈래: 장편 소설

* 배경: 시간적→ 1970년대 말

　　　공간적→ 구로 공단

* 경향: 회상적, 고백적

* 주제: 성장 과정의 자기 고백을 통한 내면 성숙

* 시점: 1인칭 주인공 시점

▶ 구성

* 발단: 여고생 동창 하계숙으로부터 전화가 옴

* 전개: 외사촌 언니와 함께 고향을 떠나 서울에 있는

　　　공단에 취업을 함

* 위기: 영등포여고 산업체 특별반에 입학함

　　　(노조에 탈퇴서를 냄)

* 절정: 희재 언니의 자살에 충격을 받음

* 결말: 희재 언니의 죽음을 보며 외딴방을 탈출함

⊙ 주요 저서: 풍금이 있던 자리/감자 먹는 사람들/

　　　　　　깊은 슬픔

원미동 사람들/양귀자

원미동 사람들 11편

1. 멀고 아름다운 동네

영하 십도를 넘는 겨울, 은혜네는 집이 없는 서울특별시를 떠나 부천으로 이사를 간다. 이사하는 날 아침, 은혜 할머니는 20년 만에 내 집을 마련해 가나안으로 떠나는 것이라고 말을 한다. 은혜네는 이사 날짜와 전세금이 맞아 떨어지는 집을 찾기가 쉽지는 않았지만, 여러 곳을 물색하다 우연히 원미동까지 가게 되었다. 이렇게 사연이 많은 이사를 하면서 은혜 아빠는 서울을 떠나는 아브라함을 떠올린다. 마침내 트럭이 멈추고 그들은 '멀고도 아름다운 동네' 라는 뜻을 가진 원미동의 한 주민이 된다.

2. 불씨

서울의 대기업 M식품을 다니던 '그' 가 원미동에 13평짜리 주공아파트를 장만하여 안정된 생활을 하지만 아내가 벌려 놓은 양품점이 1년도 버티지 못하고 망한다. 엎친 데 덮친 격으로 '그' 자신도 회사의 인원 감축에 따른 해고를 당한다. 그런 '그' 가 실업자로 전전하다 결국 아파트를 팔고 단칸방 전셋집으로 옮긴다. 몇 번이고 일자리를 찾다 고속버스 터미널에서 짐꾼 권씨를 만났는데 거기서 권씨의 호의에 고마움을 느낀다.

3. 마지막 땅

강 노인은 원미동 토박이로 땅 부자이다. 원미동의 땅값이 오르자 부동산 소개업자나 아내나 땅을 팔자고 떼를 쓴다. 그러나 강 노인은 땅을 팔지 않기 위해 인분을 주며 땅을 일군다. 그러자 동네 사람도 경국이 어머니도 인분 냄새로 땅값이 떨어질까 전전긍긍하며 헛소문을 낸다. 그래도 강 노인은 땅에 대한 애착을 버리지 않는다.

4. 원미동 시인

사람들은 일곱 살짜리 '나'를 철부지라고 말하겠지만 집안 사정이나 동네 사정에 훤한 아이로 형제 슈퍼에 자주 가는데 그곳에서 원미동 시인 몽달 씨를 만난다. 어느 날 내가 젊은 사내에게 쫓기는 몽달 씨를 보고 김 반장에게 도움을 청한다. 그러나 그는 모르는 체한다. 하는 수 없이 큰 소리로 동네 사람들을 부른다. 이내 지물포 주씨가 나서서 젊은 사내들을 물리친다. 그때서야 김 반장이 뒷북을 치면서 흥분한다. 그런 김 반장을 본 '나'는 그가 싫어진다. 열흘 만에 다시 만난 몽달 씨는 핼쑥한 얼굴로 늘 그랬던 것처럼 김 반장 슈퍼에서 잔일 거든다. '나'는 전에 있었던 일을 참을 수 없다는 듯 몽달 씨에게 낱낱이 말하지만 몽달 씨는 딴전을 부린다.

5. 한 마리의 나그네 쥐

원미동의 여름 밤은 아홉 시부터 시작되는 것이 보통이다. 남자들은 지물포와 행복사진관 중간쯤에 놓여 있는 대나무 평상에 앉아 이런저런 이야기를 하며 여름 밤의 더위를 식힌다. 그러나 이번 이야기는 뭔가가 달랐다. 원미동 장대봉 밑 동굴에는 웬 사내가 살았는데, 그 사내는 어느 날 문득 뒷산인 원미산에 푹 빠져 끝내 처자식을 버리고 산 속에 살게 되었다. 그 일이 마을로 소문이 되어 떠돌자 마을 사람들은 그가 귀신이 되었다느니, 죽었다느니, 동굴에 살고 있다느니 말이 많아 그의 아내가 군인들의 도움을 받아 수색에 나섰다. 그러나 독나방 가루와 찬바람의 공포로 인해 수색이 중단되고 결국은 이 소문이 괴담이 되어 버린 것이다.

6. 비 오는 날이면 가리봉동에 가야 한다

'그'가 이사를 온 집은 얼마 지나지 않아 여기저기 하자가 생겨 애를 먹는다. 지물포 주씨의 추천으로 임씨가 수리를 맡아 하는데, 임씨의 허름한 차림에 '그'는 왠지 미덥지 않다. '그'는 임씨가 일을 끝내자 견적서에 나온 18만 원 그대로 아내가 깎지 않고 주었으면 한다. 그때 임씨가 먼저 손을 휘휘 내젓고 나섰다. 그의 아내는 임씨의 입에서 나올 말에 주목하여 잠깐 긴장을 하였다. 그런데 임씨가 견적을 살피면서 일에 대한 과정을 조목조목 설명을 하고는 모두 7만 원이라고 말을 하자 '그'는 미안해 하고 아내는 견적이 18만 원인데 다시 따져 보라고 말을 한다. 임씨는 자신의 말이 맞다고 하면서 '그'에게 앞으로 이 세상을 살려면 그렇게 마음이 물러서는 안 된다고 말한 뒤, 받을 것은 다 받은 거니까 나중이라도 겨울이 돌아오면 우리 연탄이나 팔아 달라고 한다. 그리고 '그'의 아내로부터 7만원을 받아 주머니에 넣은 다음 자리에서 일어난다.

7. 방울새

'그녀'의 남편은 사회 운동을 하다가 잡혀가 감옥살이를 하고 있다. 얼마 전에도 '그녀'는 남편을 면회하고도 마음이 개운하지 않다. 마음속에 묻어 둔 말들을 제대로 하지 못했기 때문이다. 어느 늦은 가을 '그녀'는 기분 전환도 할 겸, 어린 딸 경주와 친구인 윤희와 윤희의 어린 아들 성구를 데리고 과천 동물원에 간다. 조류원의 중간쯤에서 '그녀'는 방울새를 만났다. '그녀'는 적잖이 실망을 한다. 방울새야, 방울새야, 쪼로롱 방울새야. 노래를 부를 적마다 떠오르곤 했던 그 이슬 같은 느낌의 맑고 깨끗함은 어디에도 없었다. 그래도 '그녀'는 딸에게 방울새 노래를 가르쳐 준다. 이제 아이는 방울새 노래를 부를 때마다 동굴 속의 방울새를 생각할 것이다. '그녀'는 동굴 같은 감옥이 순간 떠오르자 눈두덩을 지그시 누르면서 내일 모레쯤 남편을 면회해야겠다고 마음먹는다. 이번만큼은 헛손질과 얼룩진 벽만 바라보고 있지는 않을 것 같았다. 방울새가 조류원에 살고 있더라는 이야기와 배고파하는 동물들의 벌려진 입을 전해 주고도 싶다. 그리고 경주의 방울새 노래가 듣고 싶지 않느냐고도 물어 볼 것이다. 이야기가 술술 풀려만 간다면 아니 그러고도 시간이 남는다면 자신이 꾼 구더기 꿈도 들려줄 것이다. 말이란 한 번만 눈 딱 감고 시작하면 실타래처럼 술술 풀린다. 한 번만 부리를 벌려 방울 소리를 낸다면 그것만으로도 족히 어떤 어려움도 견디어 낼 것 같았다.

8. 찻집 여자

원미동 상가 끝집은 장사가 잘 되지 않아 가게주인이 자주 바뀐다. 어느 날 그곳에 '한강인삼찻집'이 들어선다. 찻집 주인 여자는 수년간의 가난하고 힘겨운 서울 생활을 마감하고 남은 약간의 돈을 몽땅 털어 원미동으로 온다. 세 딸과 아내를 데리고 '행복사진관'을 운영하는 엄씨는 찻집 여자의 모습을 통해서 젊은 날의 꿈을 떠올리다 어느 사이 동정과 연민을 느낀다. 그러던 차에 남편이 찻집 여자와 바람피운다는 사실을 알게 된 엄씨 부인이 그 여자와 된통 싸움을 한다. 엄씨는 동네 사람들의 빈정거림과 가족들의 냉대로 힘들어 했으며, 인삼 찻집 여자도 동네 사람들의 눈총을 이기지 못하고 결국에는 찻집을 접는다. 그러자 경자 친구가 그 자리에 화장품 할인 코너를 오픈한다.

9. 일용할 양식

쌀과 연탄만 취급하던 '김포쌀상회'의 경호 아버지가 비어 있는 옆 칸을 헐어 가게를 확장하고, 각종 생필품과 부식, 과일 등도 함께 파는 '김포슈퍼'로 탈바꿈한다. 원래 동네의 유일한 슈퍼였으며 부식과 생필품을 팔던 김 반장네의 '형제슈퍼' 역시 쌀과 연탄을 취급하며 급기야는 서로 가격 인하 경쟁에 돌입한다. 처음에는 동네 주민들도 두 개의 점포 사이에서 난처해 하지만 헐값에 물건을 살 수 있게 되자 신바람이 난다. 이때 김 반장과 경호네 가게 사이에 새로 이사온 사내가 '싱싱청과물'을 개업한다. 경호네와 김 반장은 서로 짜고 '싱싱청과물'보다 더 물건을 싸게 팔아 그 가게를 닿게 한다. 약이 오른 '싱싱청과물' 사내가 김 반장에게 대들지만 늘씬하게 얻어맞는다. 이 싸움으로 인해 김 반장은 동네 사람들로부터 신뢰를 잃고 미움만 산다. 겨울이 다 가고 봄이 오자 동네 여자들 사이에서 '싱싱청과물' 자리에 전파상이 생긴다는 소문이 퍼지자 '써니전자'의 시내 엄마가 김 반장을 미워하는 한편으로 울상이 된다.

10. 지하 생활자

'그'는 직감적으로 새벽 4시임을 알았다. 어두운 지하실 방으로 매캐한 곰팡이 냄새가 휘감는다. 자동차의 뒷바퀴 앞에 쪼그리고 앉아 하늘을 보았다. 볼일을 마치고 자신의 것이 분명한 또 다른 오물을 피해 차 뒤를 나온다. 그리고 '그'는 길을 걸으며 64번지의 집으로 들어와 가파르고 옹색한 계단을 내려갔다. 지하에는 화장실이 없어 주인집과 화장실을 같이 사용해야 했으므로 돈이 딱히 필요한 집이 아니면 지하실 방을 세놓지 않는다. '그' 역시 방을 얻으면서 변소 사용에 관한 권리를 주장하기는 했었다. 공장으로 내려가는 계단 또한 가파르고 옹색했다. '그'의 나날은 원미동 저쪽의 지하에서 웅크려 자다가 간신히 지상으로 올라왔는가 하면 또다시 썩은 공기가 괴여 있는 지하로 내려가야 하는 그런 삶이었다. 이사를 온 후로 '그'는 대답 없는 현관문 앞에서 아랫배를 움켜쥐고 서 있기가 다반사였다. 그러나 죽으란 법은 없다고 원미동 거리의 상가들 덕에 변소들을 사용할 수 있었다. 깊은 밤이나 새벽에 슬쩍 남의 변소를 사용하는 방법을 터득한 뒤로는 굳이 102호로 올라갈 생각은 하지 않았다. 사장이 사주는 저녁을 먹고 집으로 가는 길에 '그'는 자기 방으로 곧장 가지 않고 주인집으로 향했다. '그'는 초인종을 눌러도 문이 열리지 않자 포기하고 자신의 방으로 들어와 잠을 자다 바깥이 시끄러워 잠을 깨고 보니, '그'의 귀에 '똥 쌀 곳이 없으면 처먹지를 말아야지' 하는 말이 맴돌았다. '그'는 다시 잠이 들었고 여섯 시 이십 분이 되어서야 눈을 떴다. 그는 자가용 사내의 손에 들린 돌멩이를 보아 버린 듯한 느낌이었다. 그리고 그 처의 입을 통해 마침내 주인 여자의 정체를 알 수 있었다. 그녀는 첩으로 사람 노릇을 제대로 못한 셈이었다. '그'는 출근길에 102호의 폐허 같은 모습을 보았다. '그'는 몸을 돌려 자신이 가야 할 길을 쳐다보았다. 멀리 보이는 사거리에서 왼쪽으로 돌면 공장이 있었다. 지금부터 가야 할 곳 역시 또 하나의 동굴이라는 사실까지는 미처 깨닫지 못한 채 '그'는 발길을 재촉했다. 그의 옷에서 퀴퀴한 곰팡이 냄새가 풍겨 왔다. 지하 생활자들만의 냄새였다.

11. 한계령

'나'는 소설가로 25년 만에 어릴 적 친구인 은자의 전화를 받고 고향 생각을 하게 된다. 그녀의 부모는 철길 옆에서 찐빵집을 했는데, 그녀는 어릴 적부터 노래를 무척 좋아했던 친구였다. 그렇게 노래를 좋아하던 박은자는 지금 밤무대에서 노래를 부른다. 박은자는 '나'에게 그곳으로 놀러 오라고 말하지만 '나'는 은자를 만나고 싶지 않았다. 그것은 변해버린 고향의 순수하고 아름다운 과거를 간직하고 싶었기 때문이고, 다른 한편으로는 큰오빠가 짊어진 삶의 무게에 대한 생각이 되살아나기 때문이다. 내가 어렸을 적에 큰오빠는 아버지가 일찍 돌아가시는 바람에 여섯이나 되는 동생과 어머니를 먹여 살렸다. 그렇게 자신을 희생시켜 동생들을 키우고, 그래서 경제적인 안정은 이루었지만 결국 허탈한 자신의 인생을 되돌아보며 우울해 한다. 그러는 가운데 은자로부터 두세 번 더 전화가 온다. 지금은 새 부천 나이트클럽에서 미나 박이라는 이름으로 활동하고 있으며 이번이 마지막 무대가 될 거라고 말을 한다. '나'는 은자가 있는 나이트클럽으로 찾아간다. 그러나 마침 무대 위에 선 어느 여가수가 부르는 노래를 듣고 그냥 돌아온다. '나'는 집으로 와서야 그 노래가 '한계령'이라는 것을 알게 되고 그 가수가 바로 미나 박이란 것을 확신하게 된다. 또한 서울 강남에 좋

은 나라라는 카페 하나를 은자가 오픈한다는데 그곳 역시도
찾아가 만날지 모르겠다.

➤ 핵심 정리

* **갈래:** 연작 소설
* **배경:** 시간적→ 1980년대
      공간적→ 부천 원미동(서울 근교의 작은 도시)
* **경향:** 사실적
* **주제:** 힘겹게 살아가는 도시 서민들의 삶과 그 애환
* **출전:** 한국 문학(1986)

⊙주요 저서: 희망/천년의 사랑/모순

젊은 느티나무/강신재

▶ 줄거리

그(현규)에게는 언제나 비누 냄새가 난다. '나'(숙희)는 현규에게서 나는 비누 냄새를 맡으면 가슴 속으로 저릿한 무언가를 느낀다. '나'는 젊어서 혼자가 된 어머니와 함께 시골의 외가에서 살았는데, 젊고 아름다운 어머니는 서울의 모사립 대학 교수와 종종 만나면서 재혼이 성사되자 시골을 떠나 E여고로 전학을 하게 된다. 새아버지를 아버지라고 부르지는 않지만 마음속으로 아버지 같은 사랑을 느끼고 있다. 어머니는 '나'에게 새로운 가족, 물리학 전공의 현규를 소개한다. 대학생인 이복 오빠 현규라는 새로운 가족이 생기면서 '나'의 서울 생활은 시작된다. '나'는 새로운 환경에 적응하는 한편으로 현규에 대한 사랑의 감정이 깊어만 간다. 그리고 그런 감정에 대하여 '나'는 가족들에게 미안함을 느낀다. 퀸으로 뽑힐 만큼 예뻐져 가는 '나'는 K장관의 아들인 의대생 지수에게 연애 편지를 받는다. 이 사건으로 '나'는 현규에게 뺨을 맞는다. 그리고 멍청히 창밖으로 시선을 던지다 불현듯 현규의 질투하는 마음을 알게 되었을 땐 가슴이 금방 터질 것 같은 환희의 감정을 느꼈고, 그 후로 '나'는 숲속을 거닐다 현규의 가슴에 안겨 버린다. 그러던 어느 날 어머니는 새아버지를 따라 미국에 잠시 다녀오겠다고 '나'에게 말을 하면서 현규도 찬성을 했다고 한다. 현규와 단둘이 지낼 생각에 불안을 느낀 '나'는 운명적인 일이 생길 것만 같아서 잠을 잘 수가 없었다. 결국 '나'는 외할머니한테 갔다 온다는 핑계로 서울을 떠난다. 아예 다시는 집에 돌아가지 않으리라는 결심을 한다. 그리고 '나'의 삶을 여기서 끝내리라는 생각으로 매일 같이 뒷산을 오른다. 그러던 중에 현규가 '나'를 찾아온다. 당황스러워하던 '나'는 어찌할 바를 몰라 하다가 현규의 말에 몸이 굳어 온다. 그는 지금이라도 당장 서울로 돌아가 학교를 다니는 것이 최선책이라며 훗날 둘만의 세계를 만들자고 말을 한다. '나'는 그 말에 고개를 끄덕이면서 새로운 희망과 희열에 '젊은 느티나무'를 안고 펑펑 울다 온 하늘로 퍼져 가는 웃음에 희열을 느끼고 있었다.

▶ 인물의 성격

숙희(나): 순수하면서도 이지적인 18세의 여고생으로 감수성이 풍부함(후처가 데리고 온 딸로 이복 오빠인 연규에게 사랑을 느낌)

현규(그): 대학에 다니는 수재로 외모가 준수함(이복 동생 숙희에게 사랑을 느껴 고민하지만 이를 지혜롭게 극복함)

어머니: 젊어서 일찍 사별하고 결혼 전부터 혼담이 있었던
      므슈 리와 재혼함
므슈 리: 현규의 아버지이자 숙희의 새아버지(약간 뚱뚱하고
      호인인 어느 사립 대학의 경제학 교수)
지수: 현규의 친구로 장관의 아들
      (숙희에게 연애 편지를 보내자 현규가 질투를 함)

▶ 핵심 정리

* 갈래: 단편 소설, 낭만 소설, 성장 소설, 순수 소설
* 배경: 시간적→ 6.25전쟁 이후
        공간적→ 서울 변두리 S촌과 시골의 느티나무가
        있는 곳
* 경향: 낭만적, 서정적
* 주제: 현실의 금기된 사랑을 극복하는 청춘 남녀의
        아름다운 모습
* 시점: 1인칭 주인공 시점
* 출전: 사상계(1960)

▶ 구성

* 발단: '나'는 어머니의 재혼으로 인해 이복 오빠인 현규를
        만남

* **전개**: '나'는 이복 오빠 현규를 이성으로 느끼며 사랑의
감정을 가짐
* **위기**: 오빠 친구(지수)로부터 온 연애 편지에 오빠(현규)가
질투함(어머니가 아버지를 따라 미국으로 가게 되자
'나'와 현규 오빠만 집에 남음)
* **절정**: '나'는 사랑에 대한 괴로움을 견디다 못해 시골
외할아버지와 외할머니가 계신 집으로 내려가지만
오빠 현규가 찾아옴
* **결말**: 서로의 감정을 이해하고 각자의 길을 가기로 함

⊙ 주요 저서: 얼굴/정순이/표 선생 수난기/임진강 민들레

탁류/채만식

▶ 줄거리

정 주사는 선비 집안의 자손으로 보통 학교를 나와 한일합방 직후부터 13년을 군청의 서기로 있다가 밀려난 후로 재산을 다 팔아 빚을 청산하고 남은 몇 푼으로 고향 서천을 떠나 군산으로 이사를 한다. 이사한 그는 하릴없이 그럭저럭 한 해를 보내다가 미두(현물 없이 미곡을 사고 파는 일. [미곡의 시세를 이용하여 약속만으로 거래하는 일종의 투기 행위.] 기미)에 미쳐 가산을 탕진한다. 정 주사는 집으로 가는 길에 한 참봉의 쌀집에 들러 외상 쌀을 더 달라고 하는데, 마침 예쁘장한 한 참봉의 부인 김씨가 큰딸 초봉의 중매를 서겠다고 나선다. 정 주사의 딸 초봉이는 S학교를 졸업한 얼굴이 곱고 매우 상냥한 아가씨로 아버지의 친구가 운영하는 제중당에 다닌다. 초봉이는 제중당 주인 박제호와 은행원 고태수가 탐내기는 해도 그녀는 자기 집에 세를 들어 사는 승재를 좋아한다. 그는 어려서 부모를 잃고 서울의 외가 친척인 의사 밑에서 있다가 군산으로 내려온 병원의 유능한 조수이다. 제호는 부인 윤희가 있으면서도 초봉을 꾀어 서울로 가자고 한다. 태수는 은행 돈을 빼돌려 미두장에 투기를 하지만 돈을 거의 잃게 되자 남은 돈을 꼽추인 형보에게 주고 그 동안 정을 통해 오던 주인 댁 부인 김씨에게 초봉과의 중매를 간청한다. 김씨는 태수가 전문학교 출신인데다가 돈까지 많아 정 주사에게 장사 밑천을 대줄 거라는 말로 혼담을 꺼냈고, 초봉은 가족을 책임지기 위해 자신을 희생하면서까지 태수의 청혼을 받아들인다. 그러자 꼽추 형보는 태수를 궁지에 몰아넣고 초봉을 빼앗으려는 음흉한 흉계를 꾸미게 된다. 승재는 초봉이의 신랑이 될 태수가 화류병(성병) 때문에 병원으로 오자 그녀를 가엾게 여긴 나머지 태수를 죽이려다 그만둔다. 결국 초봉이와 태수가 결혼을 하게 되어 승재는 초봉이의 집에서 나오게 되지만 성격이 반대인 초봉의 동생 계봉이는 승재를 자주 만난다. 결혼 후에도 초봉은 승재에게 미련을 갖지만 잘해 주는 태수가 있어 그나마 행복을 느낀다. 그러던 어느 날 태수는 죽기 전 자신이 하고자 했던 초봉과의 결혼이 성사되자 자신의 비리가 알려지면 죽기로 마음을 먹는다. 꼽추 형보는 초봉을 사모해 태수가 빨리 죽기를 바란다. 그런 꼽추 형보가 익명으로 한 참봉에게 전화를 걸어 김씨와 태수가 있는 현장을 덮치게 하고 자신은 태수가 없는 틈을 타서 초봉을 겁탈한다. 태수와 김씨가 한 참봉에게 몽둥이로 맞아 죽게 되자 초봉은 태수의 장례를 치른 후 자기가 살던 집을 부모에게 살림 밑천으로 주고 역으로 가는데, 군산에 들렀던 제호를 만나 서울로 떠난다. 그리고 초봉은 아이를 임신하자 결혼 열흘 만

에 형보한테 겁탈당하고 다시 보름 만에 박제호를 만났기에
누구의 아이인지 몰라 약을 먹고 유산을 시키려 한다. 결국
초봉은 딸을 낳아 송희라고 이름을 짓는다. 그때 미두와 고
리 대금업으로 돈을 벌게 된 형보가 초봉의 집으로 찾아와
억지를 부리며 자신이 송희의 친아버지라고 주장하자, 제호
는 친정에 갔던 부인이 돌아오면 이래저래 복잡해질 것을 염
려하여 한 발 뒤로 물러선다. 초봉은 남자들이 역겨웠으나
악독한 형보를 잘 아는 까닭에 뿌리치기 보다는 친정에 돈을
주고 동생들도 교육을 시켜 주는 조건으로 형보의 여자가 된
다. 계봉은 서울로 올라와 공부를 하려 했으나 형보의 돈으
로는 공부하기가 싫어 백화점에 취직을 한다. 그런 계봉에
게 형보가 흑심을 품고 또한 어린 딸에게 못되게 굴자 보다
못한 초봉은 형보를 죽이기 위해 약을 사러 간다. 그 사이
송희에게 또 가혹한 짓을 한다. 극도로 화가 난 초봉은 미친
사람처럼 형보를 심하게 발로 차서 죽게 한다. 한편 서울로
올라와서 의사 시험에 합격한 승재는 계봉으로부터 초봉의
가엾은 사정을 듣고 초봉이를 구하러 가지만 초봉은 이미 형
보를 죽이고 말았다. 승재가 도와주려고 온 것을 알게 된 초
봉은 승재가 아직도 자신을 사랑한다는 기쁨을 느끼기도 전
에 자신이 저지른 일을 후회한다. 계봉과 승재는 자살하려
는 초봉에게 자수를 권유한다. 그러자 초봉은 승재가 하라

는 대로 하겠다며 말을 꺼낸다. 승재는 그 말에 말문이 막혔
다. 그렇다고 해도 애원하는 초봉이를 거절할 용기가 없어
다녀오라고 다정하게 말을 한다. 초봉은 마음이 놓인 듯 자
수하여 징역을 살기로 결심한다.

➤ 인물의 성격

초봉(여주인공): 정 주사의 맏딸

　　(가족의 삶을 위해 자신을 희생하는 비극적인 인물)

정 주사: 초봉이의 아버지

　　(자신의 안일을 추구하는 무능하기 짝없는 가장)

계봉: 초봉의 여동생(언니와 반대로 현실을 능동적으로 대처하는

　　자주적인 여성)

남승재: 의사 지망생(열악한 환경에 굴하지 않고 정의롭게

　　살아가는 의사가 됨)

박제호: 아버지의 친구이자 제중당 주인

　　(파렴치하고도 탐욕스런 인간)

고태수: 은행원으로 공금을 횡령하여 미두를 하고, 한 참봉

　　부인 김씨와 불륜 관계를 맺다 결국 한 참봉에게

　　맞아 죽음(방탕한 삶을 사는 인간)

장형보: 못생긴 꼽추(간특하고 교활한 그는 변태 성욕자로 초봉을

　　불행에 빠뜨림)

➤ 핵심 정리

* 갈래: 장편 소설, 풍자 소설
* 배경: 시간적→ 일제 강점기(1930년대)

　　　　공간적→ 식민지 수출항 군산과 서울
* 경향: 세태 풍자적
* 주제: 한 여인의 비극적인 삶을 통해 식민지 시대의 어둡고

　　　　혼탁한 현실을 고발하고 풍자함
* 시점: 전지적 작가 시점
* 출전: 조선일보(1937~1938)

➤ 구성

소제목으로 이루어진 모자이크식 구성

* 발단: 참신한 초봉에게 눈독을 드리는 제호, 태수, 형보
* 전개: 자신을 희생하는 초봉의 불행과 기구한 삶
* 위기: 태수가 죽고 제호의 첩이 된 초봉에게 형보가 살자고

　　　　나타남
* 절정: 동거하는 형보가 자신과 딸을 못살게 굴자 살해함
* 결말: 초봉은 계봉과 승재의 권유로 자수를 결심함

⊙ 주요 저서: 레디메이드 인생/인텔리와 빈대떡/

　　　　　　천하태평춘(태평천하)/치숙

330

표본실의 청개구리/염상섭

▶ 줄거리

'나'는 축 늘어지는 생활에 권태를 느끼면서 나의 발길은 남포까지 이어졌다. 그중에서도 중학교 2학년 시절 개구리 해부 광경이 떠오르자 '나'는 자꾸만 서랍에 넣어 둔 면도칼에 손이 가는 것 같아서 견딜 수 없었다. 이런 생활을 벗어나기 위해 어디로든 떠나야 한다는 생각이 들었지만 뜻대로되지 않는다. '나'는 평양행 열차를 타고 Y친구를 만나러 평양으로 간다던 친구 H의 마음을 돌려 대동강으로 간다. 강가에서 장발을 한 걸인을 보는 순간 참으로 행복해 보인다고 '나'는 생각한다. 그리고 잠깐 눈을 붙이는 사이 목을 졸리어 죽는 꿈을 꾸었다. 남포에 도착했을 때에는 벌써 오후두 시가 넘었다. 거기서 Y친구를 만나 술을 마시면서 술과 철학 이야기를 하다 기인 이야기를 하게 된다. 그는 삼 원오십 전으로 삼층집을 짓고 사는데 친구들은 그를 기인이라며 그의 강연을 듣고 싶지 않느냐며 은근히 부추긴다. 술집을 나와 그 기인이 있는 집으로 간다. '나'는 그를 보는 순간전율을 느끼며 깍듯이 인사를 했다. 그는 자신을 김창억이라고 소개했다. 그는 일종의 영감에 사로잡혀 하느님의 명령에 따라 세계 평화를 위한 모임을 조직한다는 것이었다.

그 밖에도 그는 환상에 젖어 여러 이야기를 이러쿵저러쿵 늘어놓았다. '나'는 평양행 열차에서 너무나 엉뚱하고 환희에 차 친구 P에게 엽서를 쓴다. 남포의 광인 김창억은 부자 객주 아버지의 주색잡기와 어머니의 한숨 속에서 성장했다. 그는 한성 고등 사범 학교에 입학하고 삼 년이 되던 해 아버지가 죽고 그 해 어머니마저 죽자 절망에 빠져 자살을 하려 했으나 때마침 소학교(초등 학교)가 생겨 교편을 잡게 되었다. 그러나 가정에 풍파가 일고 불의의 사고로 십 년 근속의 교편을 뒤로 한 채 철창 신세를 지며 점점 정신이 이상해져 갔다. 마침내 그는 바다가 보이는 곳에 삼층집을 짓고 이곳을 세계 평화를 위한 모임의 본부를 만들 셈이다. 내가 남포를 다녀온 지 2개월쯤 지난 눈 내리는 어느 날 Y로부터 편지를 받았다. 김창억이 위대한 삼층집에 불을 지르고 어디론가 떠나 버렸다는 내용이었다. '나'는 깜짝 놀랐다. 친구는 편지에서 이제 김창억이 금강산으로 들어가는 마당에 그 집을 관리할 자가 없자 스스로 불을 질렀다고 했다. 그 신성한 집은 자기 외에 맡을 자가 없어 신께 되돌려 준 것이라 하면서 김창억의 정신 세계에 대한 경외감을 술회하고 있었다. '나'는 편지를 받고 그저 울적한 마음에 가만히 누워 있을 수 없어 방 밖으로 나갔다. 그날 밤 김창억에 대한 생각과 작년 가을 대동강에서 본 장발의 걸인을 동시에 떠올렸다. 그가 그 후에 어디로 간 것인지 아는 사람은 없었다. 그가 싫어하는 평양에는 살고 있지 않았을 거라고 여겼지만 그는 후취(재취: 아내를 여의고 다시 장가드는 일. 후처의 높임말)의 본가가 있는 평양의 보통문 밖 짚더미 속에 둥지를 틀고 걸식을 하며 떠돌았는데 그를 알아보는 사람은 아무도 없었다.

▶ 인물의 성격

'나' (X: 서술자): 친구(H)와 남포에 가서 기인(김창억)을 만나
    그의 기이한 행위를 슬퍼함(삼일 운동의 실패로 절망하는
    지식인)

김창억: 부유한 객주의 아들로 보통 학교 교사 출신(가정의
    풍파와 현실의 억울한 감옥살이로 불행한 삶을 사는 인물)

H, Y, 영희(딸), 큰아버지 부부: 보조적 인물

▶ 핵심 정리

* 갈래: 단편 소설, 자연주의 소설(한국 현대 문학사상 최초의
    사실주의적 자연주의 작품)

* 배경: 시간적→ 일제 강점기(1920년대 3·1 운동 전후)
    공간적→ 서울, 평양, 남포

* 경향: 사실주의적 자연주의

* 주제: 삼일 운동 실패 이후 회의와 절망으로부터 벗어나지

못하는 식민지 지식인의 고뇌

* **시점**: 1인칭 관찰자 시점
* **문체**: 만연체
* **출전**: 개벽(1921)

➤ **구성**

액자 구성(복합 구성)

　전10장으로 구성된 이 작품은 1장에서 5장까지, 그리고 마지막 10장은 1인칭으로 되어 있고, 6장~9장은 3인칭으로 씌어 있음. 결국 이 소설의 주인공은 '나'와 '그(김창억)'인 셈이며 그 둘 사이는 동질적이라 볼 수 있음

* **발단**: '나'는 남포로 떠나기 전, 정신적 고뇌와 심리적 갈등을 겪음
* **전개**: '나'는 대동강에서 있었던 여러 가지 일로 갈등과 분노를 느낌
* **위기**: 남포에 도착하여 Y와 함께 그(김창억)를 만나면서 그의 인생 내력을 알게 됨
* **절정**: 그(김창억)는 자신의 삼층집에 불을 지르고 어디론가 사라짐
* **결말**: '나'의 침울함과 김창억에 대한 뒷소문
⊙ 주요 저서: 표본실의 청개구리/만세전/두 파산/ 삼대/무화과

허생전/박지원

▶ 줄거리

허생은 가난한 선비로 남산 아래 묵적골의 다 쓰러져 가는 오두막에 살고 있다. 그는 아내의 삯바느질로 겨우 살림을 꾸리는 형편이지만 그것을 아랑곳하지 않고 책만 읽는다. 굶주리다 못한 아내가 얼마나 답답했는지 참다못해 허생에게 먹고 살기도 힘든 형편에 웬 놈의 글이냐고 타박을 한다. 그래도 허생은 도움이 된다며 그저 글만 읽을 뿐이다. 아내는 화를 내며 평생 과거도 보지 않을 사람이 글을 읽어 무엇하냐고 화를 낸다. 그러자 허생은 책을 덮고 탄식을 하며 밖으로 나간 뒤 장안에서 제일 부자인 변승업을 찾아가 무턱대고 돈 1만 냥을 꾸어 달라고 한다. 변승업은 그의 배짱이 마음에 들었던지 흔쾌히 돈을 빌려 준다. 그러자 허생은 10배로 불려 갚겠다고 장담하며 그 자리를 떠난다. 집으로 온 허생은 아내에게 생활비로 100냥만 주고 농산물의 집산지인 안성으로 내려가 전국의 과일을 모조리 사들인다. 그러자 온 나라가 잔치나 제사를 못 지낼 형편에 이르렀다. 그는 그 기회를 놓치지 않고 몇 배의 비싼 값으로 과일들을 팔아 폭리를 취한다. 그리고 제주도로 내려가 말총(말의 꼬리)을 모두 사들인다. 말총은 당시 선비들이 갓을 쓰기 전에 쓰는 망건의 주재료인지라 그 말총 역시 품귀 현상을 빚자, 허생은 전과 같은 수법으로 말총을 팔아 10만 냥을 벌어들인다. 그 뒤로 어느 사공의 안내를 받아 무인도 하나를 사들인 다음 일대의 도둑 우두머리에게 돈을 내주어 각각 소 한 필과 여자 한 사람을 무인도로 데려오게 한다. 그리고 농사를 짓게 한다. 그렇게 그가 도둑들을 먹여 살리는 한편으로 3년 동안 먹고 살 양식을 비축해 놓은 뒤 나머지를 배에 모두 싣고 장기도로 가서 팔아 버린다. 장기라는 곳은 일본에 속해 있는 지역으로 한참 흉년에 시달리자 허생은 그 지방 주민을 구휼하고 은 백만 냥을 벌어들인다. 어느 날 그는 섬사람들을 모아 놓고 이 섬은 땅이 작은데다가 자신의 덕이 부족해 섬을 떠난다며 외부로 통하는 배를 불사르고 50만 냥은 바다에 던진다. 그리고 글을 아는 사람을 가려 함께 나라 안을 돌아다니며 두루 가난한 사람들을 구제한다. 구제하고 남은 돈 10만 냥은 변승업에게 갚는다. 변승업은 몹시 놀라 십분의 일로 이자를 쳐서 받겠다고 하자 허생은 몹시 화를 내며 가버린다. 변승업은 그의 뒤를 살그머니 따라간다. 허생이 남산 밑에 있는 조그만 오두막으로 들어가는 것이 멀리서 보였다. 그것을 본 변승업은 우물가에서 빨래를 하는 노파에게 저 오두막이 누구의 집이냐고 물었다. 그 노파는 허생의 집이라고 말을 하며 지금은 아내가 혼자 사는데, 그가 집을 나간 날로 5년째 제사를 지내고 있다고 말했다. 변승업은 크게 놀라며 돌아갔다. 이튿날 변승업은 그에게서 받은 돈을 모두 돌려주려 했으나 허생은 받지 않고, 정 그렇다면 양식이나 떨어지지 않게 해 주고 옷이나 입도록 해 달라고 하면서 혹 술병을 들고 오면 반갑겠다고 말했다. 변승업은 허생과 술잔을 마주하며 5년 동안 어떻게 그 많은 돈을 벌었냐고 묻자 허생은 변승업에게 돈을 벌게 된 사연을 말한다. 변승업은 허생의 됨됨이를 알고 어영 대장(조선 때, 어영청의 으뜸 벼슬. 정이품) 이완에게 허생을 소개하니 직접 만나 보겠다고 말을 한다. 허생의 집으로 간 어영 대장 이완은 허생에게 나라에서 널리 인재를 구한다는 뜻을 전한다. 그러자 허생은 북벌론의 대안을 제시하며 자신이 천거하는 와룡 선생 같은 사람을 임금께 아뢰어서 삼고초려(인재를 맞아들이기 위해 여러 번 찾아가서 예를 다는 일)할 것과, 우리 나라에 사는 명나라 장졸들의 자손을 종친(임금의 친족. 종실)의 딸과 혼인시키고, 간사한 신하의 집을 빼앗아 나누어 주며, 나라 안의 자식들을 가려 뽑아 머리를 깎고 되놈(중국 사람을 욕하여 이르는 말)의 옷을 입혀서 선비는 빈공과(외국인에게 주어지는 과거 시험)에 응시하게 하고, 평민은 강남에 보내어 장사를 시키면 그 나라의 실정을 정탐할 수 있다. 그러니 그것을 할 수 있겠느냐고 어영 대장 이완에게 묻는다. 그러자 어영 대장 이완은 이 세 가지 모두를 들어주기 어렵다고 말을 한다. 이에 화가 난 허생은 나라의 사대부로 그런 일도 못하냐며 크게 호통을 친다. 그리고 칼을 들어 어영 대장 이완을 찌르려 한다. 놀란 그는 급히 뒷문으로 달아났고 이튿날 다시 허생의 집을 찾았을 땐, 이미 집을 떠나고 없었다.

▶ 인물의 성격

허생: 가난한 선비로 당시의 선구자

　　　(모든 분야에 새로운 이론을 제시하고 몸소 실천함)

아내: 삯바느질로 겨우 생계를 꾸림

　　　(글만 읽는 남편을 무능하다고 타박함)

변승업: 허생에게 장사 밑천을 꾸어 줌

　　　(훗날 허생에게 어영 대장 이완을 소개시킴)

이완: 어영 대장으로 북벌론의 핵심 인물(허생이 북벌론에 대한 3가지 방법을 제안했으나 거절함)

▶ 핵심 정리

* 갈래: 한문 소설, 설화 소설, 풍자 소설
* 배경: 시간적→ 조선 정조 때

　　　공간적→ 서울 중심의 한반도 전역
* 경향: 냉소적 현실 풍자

* **주제**: 양반과 사대부의 무능력을 비판하고 현실적인 삶의 실천 촉구
* **사상**: 이용후생(편리한 기구 등을 잘 이용하여 살림에 부족함이 없게 함, 또는 그 일)의 실학 사상
* **시점**: 전지적 작가 시점
* **출전**: 옥갑 야화

➤ 구성

액자 구성

* **발단**: 글을 읽던 허생이 굶어 죽겠다는 아내의 타박에 밖으로 나감
* **전개**: 변승업에게 돈을 빌려 장사를 함
* **위기**: 어영 대장 이완에게 북벌론에 대한 현실적 대응책을 제시함
* **절정**: 양반과 사대부들의 허세를 비판함
* **결말**: 집을 떠나 종적을 감춤

⊙ 주요 저서: 열하일기/연암집/호질/양반전

　박지원의 기행록 열하일기 가운데 '옥갑 야화'에 허생전이 들어 있다. 원래는 제명이 없이 수록되었으나 후대에 허생전이라는 이름이 임의로 붙여짐